AF498790

Logística urbana

La ciudad en la cadena de suministro

Esta obra ha sido galardonada con el premio
Logisnet de Literatura Técnica 2024

Logística urbana

La ciudad en la cadena de suministro

Ignasi Ragàs Prat

Colección: Gestión Logística
Director: David Soler

Logística urbana. La ciudad en la cadena de suministro
1.ª edición, junio 2024

© Ignasi Ragàs Prat
© de esta edición, ICG Marge, SL

Edita: Marge Books
Brutau, 160 – 08203 Sabadell (Barcelona)
Tel. 931 429 486 – marge@margebooks.com
www.margebooks.com

Edición: Núria Gibert
Realización editorial: Mercedes Lara
Diseño cubierta: Damià Mathews
Impresión: Arteos Digital, S.L. (Barcelona)

ISBN edición impresa: 978-84-10238-12-1
ISBN edición digital: 978-84-10238-13-8
Depósito Legal: B 10597-2024

Procedencia de las ilustraciones:

Autor, 9, 22, 27, 31, 33, 34, 37, 41, 45, 47, 51-53, 55, 61, 66, 67, 69, 73, 76, 83, 85, 91, 97, 101, 103, 106, 109b, 111, 113, 115, 116, 120, 129, 130, 135, 138, 140, 142, 144, 148, 154a, 162, 177, 180, 184, 185, 187, 188, 190, 194, 197, 204, 208, 209, 221, 225
AirMOUR, 212
Alcaldía de Medellín, 152a
Alcaldía Mayor de Bogotá, D.C., 100b, 159
Área Metropolitana de Barcelona, 133a, 211
Ayuntamiento de Barcelona, 36, 125, 152b
Ayuntamiento de Madrid, 133b
CAF-Banco de Desarrollo de América Latina y el Caribe, 154b
Cimalsa, 147
David Soler, 141
Elaboración propia, 39-44, 80, 112, 121, 150, 167, 175
Francisco Fontenele / *O Povo,* 104
Gerencia Operativa de Logística Urbana de Buenos Aires, 157
ID Logistics, 218
Logistics City Chair, 227
Mairie de Paris, 133c
Mayor of London, 152d
Núria Gibert, 127, 215
Perú – Ministerio de Transportes y Comunicaciones, 100a
Prefeitura de Fortaleza, 223
Red Logística de Andalucía, 145
Région Île-de-France, 152c
Shutterstock, 93
Terminal de Transporte de Bogotá, 179
Velap.pro, 199
Wikipedia, 228
www.certibruit.fr, 132a
www.epa.gov/smartway, 158b
www.fors-online.org.uk/, 158a
www.piek-international.org, 132b
www.scoobic.com, 57
Zeal, 109b

 El papel empleado en este libro no ha sido blanqueado con cloro elemental (CI_2).

Índice

El autor

Ignasi Ragàs es un economista especializado en urbanismo, transporte y logística con una amplia experiencia en el sector público y en el privado.

Ha pasado más de la mitad de su vida profesional en la administración local, en particular en el Ayuntamiento de Barcelona y en el Área Metropolitana de Barcelona. En 1990 se integró como economista en el equipo que pilotó la transformación económica y urbanística de Barcelona antes y después de los Juegos Olímpicos de 1992. Su labor en esta etapa se enfocó en aspectos relacionados con el desarrollo económico y las infraestructuras del transporte y la logística. Posteriormente fue director general de Cimalsa, empresa pública encargada del desarrollo y la explotación de centros de transporte, parques logísticos intermodales y otras infraestructuras de transporte de cargas en Cataluña.

Desde 2011 Ignasi desarrolla su labor profesional como consultor independiente con referencias en más de treinta países para clientes públicos y privados. Ha liderado la formulación de la Estrategia de Logística Urbana Sostenible (LOGUS) para CAF-Banco de Desarrollo de América Latina y el Caribe, participando en proyectos en diversos países del continente. También ha asesorado en esta materia al Ayuntamiento de Barcelona y a otras administraciones en España.

Prólogo

Tal vez una de las mejores definiciones de ciudad que a lo largo de mi carrera profesional y también como ciudadano permanente en América Latina he podido conocer, es la que en algún interesante diálogo con el profesor Eric Miller de la Universidad de Toronto, me expresó como su acercamiento a los innumerables problemas que afrontan las urbes, «las ciudades son un sistema de sistemas complejos, que interactúan permanentemente y de forma dinámica».

Desde CAF, el Banco de Desarrollo de América Latina y el Caribe, he tenido la posibilidad y privilegio de profundizar en esta complejidad, a través del desarrollo de diversas iniciativas y programas que permanentemente buscan atender el territorio urbano de manera integral y multisectorial. En este contexto –el de una estrategia de movilidad urbana, que hoy se enmarca en los principios ya generalmente aceptados de evitar, cambiar y mejorar, que buscan el paradigma de una movilidad sostenible de forma segura, integrada, inclusiva y limpia–, surge la idea y necesidad de abordar la logística urbana como parte integral de la movilidad en las ciudades.

El autor de este libro fue y sigue siendo pieza fundamental para lo que hoy en CAF se conoce como la estrategia LOGUS-CAF (Logística Urbana Sostenible y Segura). En ella se aborda el reto de proporcionar instrumentos de conocimiento, de diagnóstico y monitoreo, así como de aplicación a los diferentes agentes que están de alguna manera involucrados en el movimiento de cargas en el ámbito urbano.

Parte de los valiosos aprendizajes de construir e implementar esta estrategia en diversas ciudades de la región latinoamericana tienen que ver con el entendimiento de que este abordaje integral requiere un proceso de mejora continua, que no hay soluciones ni recetas únicas pero que es necesario profundizar y entender lecciones aprendidas, intereses, e intercambios para atender los desafíos ambientales, de seguridad vial, de congestión, de productividad y competitividad que afrontan las ciudades.

La pandemia nos dio una lección a todos llevándonos al límite en muchos aspectos, pero a su vez puso de relevancia la forma en cómo se hace posible el acceso de la población a los productos básicos, mitigando las externalidades negativas de este complejo sistema de logística. Esta situación a su vez aceleró nuevas demandas en movilidad tanto de personas como de mercancías, la digitalización, la mitigación y adaptación al cambio climático son ahora aspectos prioritarios no solo de las administraciones, sino también de los agentes privados en todos los sectores.

La logística urbana es, por tanto, considerada un tema estratégico para América Latina y el Caribe, siendo uno de los continentes más urbanizados del planeta. Sin embargo, si bien cada vez hay más información sobre la logística urbana producida desde la academia, desde proveedores de servicios y tecnologías urbanas o desde las propias ciudades o redes de ciudades, aun así, hay escasas obras divulgativas y neutrales a cualquier interés sectorial, comercial, industrial o tecnológico que contribuyan al fortalecimiento de capacidades institucionales públicas necesarias para el desarrollo del sector. Lo anterior se explica porque persisten importantes lagunas de conocimiento sobre la logística urbana en el funcionariado y tomadores de decisión en las administraciones de orden subnacional. Del mismo modo hay vacíos entre operadores y emprendedores a quienes a menudo se les escapa la visión global. Esta situación hace difícil afrontar los retos existentes y el mencionado proceso de mejora continua que se debe desarrollar de forma participativa y especialmente colaborativa.

El objetivo de este libro es pertinente para posibilitar una visión geográfica amplia y comprender los factores de éxito de políticas o de servicios logísticos en diferentes contextos urbanos. Las ciudades de América Latina tienen retos y oportunidades diferentes a las ciudades europeas, norteamericanas o asiáticas y si bien hay mucho para transferir conocimiento, las realidades y contextos obligan a adaptar y flexibilizar estas experiencias para que tengan éxito en su implementación.

Definitivamente, obras de divulgación como la de Ignasi Ragàs son imprescindibles para buscar alinear en el conocimiento a todos los agentes que directa e indirectamente son parte del desarrollo de la movilización de mercancías en el territorio urbano, y que buscan ciudades más productivas, más competitivas, pero también más saludables, limpias y en general más sostenibles en el tiempo.

Andrés Alcalá S.
Especialista en Movilidad Urbana del Banco de Desarrollo
de América Latina y el Caribe (CAF)

Presentación

Este libro es una contribución esencial para las personas que gestionan la administración pública de la ciudad, para quienes ejercen su actividad como profesionales del transporte y, en general, para cualquier persona interesada en la planificación económica y urbana.

La logística contribuye a la transformación de las sociedades contemporáneas y tiene un impacto profundo y polifacético en los territorios. Su papel se ha hecho más visible desde la pandemia por covid-19 y de las múltiples crisis geopolíticas, pero el sector se había consolidado desde hacía tiempo como facilitador y factor de la globalización del comercio y de la creciente complejidad de las cadenas de suministro. La distribución urbana de mercancías es un elemento trascendental en nuestras sociedades, y los puestos de trabajo relacionados con esta actividad poseen una gran relevancia porque ofrecen ocupación a personas con cualificaciones profesionales muy diversas. Por otro lado, el entorno periurbano se ve transformado progresivamente por las dinámicas inmobiliarias que generan las necesidades logísticas.

Por su parte, el desarrollo del comercio electrónico está transformando los estilos de vida urbanos, y la economía de las plataformas digitales encuentra en la logística urbana una de sus áreas de desarrollo privilegiadas. Sin embargo, a pesar de esta visibilidad y de su actualidad en todos los órdenes de la actividad económica, las ciudades todavía muestran una timidez sobre estos temas y, a menudo, no los conocen con la profundidad necesaria.

El transporte urbano de bienes rinde los servicios que se esperan de él. Los sistemas de transporte de mercancías son muy flexibles y se adaptan continuamente a las expectativas de las empresas y las personas consumidoras. Pero esta eficacia se logra a costa de grandes externalidades ambientales, sociales y urbanas. Esto se debe principalmente al uso de vehículos de transporte obsoletos, así como a una planificación precaria de la logística en la ciudad. La descarbonización de los camiones, furgonetas y ciclomotores urbanos ha comenzado, pero debe acelerarse.

La modernización de los servicios logísticos y de las herramientas de gestión logística, donde la tecnología digital tiene un papel vital, se está acelerando, y las innovaciones tecnológicas se están implantando en los sistemas de distribución. Pero esto contrasta con un cierto arcaísmo en el transporte de mercancías en general, un sector de actividad con pocas barreras de entrada, y que se ve exacerbado en las áreas urbanas, especialmente las de las grandes ciudades de los países emergentes, donde se desarrollan formas de trabajo particularmente desreguladas.

La organización de la logística es un desafío importante para las políticas de desarrollo, medio ambiente, planificación urbana y gestión de las áreas metropolitanas. Y este libro llega en un momento particularmente adecuado, porque existe la necesidad de compilar la experiencia acumulada sobre logística urbana y porque proporciona datos prácticos para la acción y propone estrategias realistas y muy argumentadas, bien ajustadas a las especificidades regionales de nuestras ciudades globales.

DRA. LAETITIA DABLANC
Directora de investigación en la Universidad Gustave Eiffel, Francia,
y Directora de la Cátedra Logistics City

Logística urbana

La ciudad en la cadena de suministro

Introducción

Las actividades logísticas experimentan un fuerte crecimiento y profundas transformaciones. En la denominada «última milla» es probablemente donde este crecimiento ha sido más intenso y las transformaciones más disruptivas. Las empresas están inmersas en un entorno competitivo que las obliga a intensos ajustes para aumentar su eficiencia y reducir costos. Nuevas formas de consumir y nuevos canales de distribución, no solo plantean retos a la distribución comercial, sino que están cambiando la geografía de muchas ciudades y generando nuevos retos a la movilidad. En paralelo, las autoridades responden a los compromisos medioambientales y a las sensibilidades ciudadanas con políticas para organizar, reglamentar y restringir la circulación de vehículos en los núcleos urbanos. Esto obliga a las empresas a reformular las operativas y la tipología de vehículos utilizados para la última milla. Todo ello genera impactos que pueden afectar, de manera no siempre equilibrada, a los agentes implicados. Y también genera nuevas oportunidades de negocio en nichos hasta ahora poco explorados.

Pero no solo las autoridades impulsan cambios, también los hacen los receptores de mercancías, ya sean establecimientos comerciales, empresas o particulares. Sus decisiones sobre cómo, cuándo, con qué frecuencia y con qué rapidez desean recibir sus productos, incide directamente en cómo, cuándo, con qué frecuencia y qué vehículos ocupan las vías públicas.

Demasiado a menudo, los agentes y los decisores, tanto de la Administración como del sector privado, tienen un conocimiento muy superficial y plagado de apriorismos sobre las motivaciones y las prioridades de los otros. Unos y otros parece que hablen idiomas diferentes, lo que dificulta el diálogo constructivo.

Esta obra explica la logística urbana integrando las perspectivas de los diferentes agentes implicados: administraciones públicas, cargadores, transportistas y destinatarios. Entendemos que puede ser útil para los técnicos, los políticos y los funcionarios de las administraciones locales, para los empresarios, los directivos y los cuadros medios de los operadores logísticos, y para los comerciantes, los transportistas, los estudiosos sobre temas urbanos y, en general, para quienes tienen interés en esta materia.

Tratándose de una obra en español, su foco principal, pero no exclusivo, es Europa y América Latina. Es cierto que las realidades urbanas y socioeconómicas europeas y latinoamericanas son diferentes, como también lo son las diferencias entre diversos países en ambos continentes. Aun así, los flujos de intercambios, ya sean académicos, profesionales o económicos, entre ambos lados del Atlántico son significativos en ámbitos relevantes para la logística urbana, como la gestión de la cadena de suministro, el urbanismo o la gestión de las ciudades.

1

Caracterización de la logística urbana

Tipologías de logística urbana

La logística urbana está constituida por todos los flujos de mercancías que circulan en un núcleo poblacional. Más que de logística urbana debería hablarse de cadenas logísticas que se desarrollan en todo o en parte en el tejido urbano. El Banco Mundial[1] ha identificado más de 150 cadenas logísticas en las ciudades. Cada una de ellas implica agentes diferentes y mueve productos con características, volumen y requerimientos de manutención distintos, en vehículos de características y tonelaje distintos, y con

---

 World Bank: Freight transport for development toolkit: Urban Freight (véase el código QR).

Figura 1.1. Algunos ejemplos de cadena logística urbana: camiones esperando entrar en una terminal portuaria granelera, y distribución de materiales de construcción y de combustible en una ciudad.

desigual frecuencia y rotación. Los principales tipos de cadenas logísticas que se desarrollan en las ciudades se agrupan en la tabla 1.1.

En este manual se tratan con más detalle las cadenas logísticas asociadas al comercio, las oficinas, el canal horeca[2] y las familias, pues son los segmentos que más inciden en los centros urbanos, y porque es donde inciden más las disrupciones generadas por los nuevos canales de distribución. Estas cadenas se denominan con frecuencia *distribución urbana de mercancías (DUM) o última milla.*

Ello no será impedimento para que en esta obra se traten algunos aspectos relacionados con otras cadenas logísticas. Especialmente relevantes son las de materiales de construcción y residuos, porque se trata de flujos de grandes volúmenes. También puertos y zonas industriales pueden ser focos generadores de intensos flujos de camiones de gran porte, especialmente si no están alejadas del centro urbano y no cuentan con accesos específicos. Finalmente, hay que recordar que las ciudades son también grandes consumidoras de recursos energéticos, particularmente de combustibles para centrales eléctricas, calefacción, gasolineras, puertos o aeropuertos.

Modelos de DUM

Denominamos distribución urbana de mercancías o DUM a cadenas logísticas asociadas al comercio minorista, oficinas y actividades manufactureras e industriales ubicadas en el tejido urbano, a establecimientos horeca y a las familias. La DUM está en un proceso de rápida transformación y, además, sus características varían de una ciudad a otra debido a diversos factores como la tipología de las

---

[2] Acrónimo utilizado para identificar al sector de la hostelería, la restauración y los servicios de comida preparada.

Tabla 1.1. Principales cadenas logísticas urbanas

Destinatario	Tipología habitual de envíos	Tipología habitual de vehículos	Frecuencia
Comercios	Productos muy variados: • Por tamaño: pequeño y grande (por ejemplo, medicamentos o electrodomésticos) • Por manutención: a temperatura controlada o no, alimentario o no • Por sistema embalaje: en palés, en caja cerrada, en caja abierta, ropa colgada, etc.	Muy variado: • Furgonetas (pequeño comercio) • Camiones medianos • Camiones de gran porte (supermercados y grandes superficies)	• Varias veces al día (supermercados, alimentación, farmacias, etc.) • Varias veces a la semana (electrodomésticos, hogar, ropa, etc.)
Oficinas	Documentos, suministros y paquetes de pequeño y mediano tamaño (menos de 10 kg)	Furgonetas	Varias veces a la semana
Restaurantes, bares y hoteles (canal horeca)	Alimentos, bebidas y suministros no alimentarios. En hoteles a menudo suministros de lavandería industrial	Furgonetas y camiones medianos Los camiones para transporte de bebidas requieren PMA* elevado	Varias veces al día
Familias	Envíos de pequeño tamaño (menos de 5 kg)	Furgonetas, turismos, motocicletas y bicicletas	Varias veces al mes o varias veces a la semana según penetración del comercio electrónico

Destinatario	Tipología habitual de envíos	Tipología habitual de vehículos	Frecuencia
Industrias	Muy variados: • Tamaño superior al del comercio • Generalmente mercancía paletizada • Graneles • Combustibles	Furgonetas, camiones medianos o camiones de gran porte	Varias veces a la semana
Construcción y obras públicas	Materiales de construcción Materiales eléctricos, de fontanería, cristales, etc.	Muy variados: camiones de gran porte y gran peso, hormigoneras, vehículos de dimensiones especiales, camiones medianos y furgonetas	Varias al día o a la semana, según tipo de obra
Gasolineras y establecimientos de venta de gas embotellado	Combustibles e hidrocarburos	Vehículos sujetos a normativa de transporte de mercancías peligrosas	Varias veces a la semana
Hospitales	• Suministros médicos (estériles o no) • Suministros equiparables a los de hoteles • Recolección de residuos hospitalarios	Camionetas y camiones medianos	Varias veces al día

(Continúa en página siguiente.)

(Continuación de página anterior.)

Destinatario	Tipología habitual de envíos	Tipología habitual de vehículos	Frecuencia
Puertos	• Contenedores • Graneles sólidos • Graneles líquidos • Combustibles	Camiones portacontenedores y otros camiones de gran porte. Ferrocarril y vías navegables cuando es posible	Muchas veces al día
Aeropuertos	• Suministros equivalentes a comercio y horeca • Carga aérea (poco volumen, poco peso, valor elevado, perecederos) • Combustibles de aviación	Furgonetas y camiones medianos	Varias veces al día
Residuos	• Residuos no fraccionados • Residuos fraccionados (vidrio, plástico, papel, materia orgánica, etc.) • Residuos especiales (hospitalarios, industriales, etc.)	Camiones medianos	Varias veces a la semana

*PMA: peso máximo autorizado.

ciudades, el nivel de desarrollo, los aspectos sociales, los modelos de producción dominante, etc.

Podemos clasificar la DUM en dos grandes tipos de cadenas: B2B y B2C. Es importante entender sus *drivers*, características operativas y su significación en la economía urbana.

B2B (business to business)

Se trata de los suministros a comercios, restaurantes y negocios de cualquier tipo. También incluye la logística inversa de recolección de productos no conformes, cuya fecha de caducidad ha sido superada, envases reutilizables, residuos reciclables, etc.

Figura 1.2. Un camión realizando operaciones de carga y descarga horeca en una calle de Rosario (Argentina).

Tradicionalmente, la distribución B2B acostumbraba a tener una pauta de rutas estable, con repartos programados a la cartera de clientes de cada proveedor. Esto está cambiando en la medida en que muchos establecimientos reducen sus existencias y dependen más a menudo de entregas puntuales, urgentes y no planificadas para atender demandas específicas. Este tipo de prácticas es más habitual en sectores como el comercio de prendas de vestir o farmacias.

Desde el punto de vista de las políticas públicas, es conveniente entender que las cadenas B2B son imprescindibles para la actividad de cualquier comercio o empresa situada en la ciudad y, asimismo, para el abastecimiento de la población. Esta naturaleza esencial fue más visible aún durante las cuarentenas exigidas por las autoridades sanitarias a causa de la pandemia por covid-19.

Las cadenas B2B suministran a una amplia variedad de negocios lo cual deriva en tipología de vehículos y características operativas distintas (véase el cuadro 1.1).

B2C (business to consumer)

En este caso los productos se transportan directamente a los consumidores. La tipología dominante es la compra en plataformas de comercio electrónico, pero no la única. En muchas ciudades la compra vía mensajería o redes sociales, o incluso por teléfono, mantiene su vigencia. También incluiría el envío a domicilio de compras realizadas presencialmente cuando el comprador tiene dificultades para el transporte (por ejemplo, personas mayores o artículos de gran peso como muebles o electrodomésticos). Una tipología específica de B2C son las compras instantáneas, comercio electrónico rápido *(quick commerce)* o la entrega inmediata a domicilio *(delivery)* mediante plataformas que se comprometen a la entrega en un plazo muy corto de tiempo.

La eclosión del B2C es un fenómeno reciente. Hasta hace pocas décadas la inmensa mayoría de cadenas en las ciudades eran B2B. Como aspecto positivo, el B2C está abriendo el abanico de productos disponibles y añadiendo conveniencia al consumidor. También se ha convertido en una importante fuente de actividad económica, laboral y de innovación. Como aspectos negativos, está añadiendo más congestión a las vías urbanas, incrementa la contaminación ambiental, compite con el tejido comercial tradicional e implica que cualquier domicilio pueda convertirse en un punto de entrega, aunque el espacio urbano no esté preparado para ello.

Las entregas B2C pueden ser en el domicilio del consumidor, la mayoría como veremos más adelante; en su lugar de trabajo, en un punto de conveniencia que puede ser en una oficina de correos o de la empresa transportista, en un comercio de conveniencia, o en una taquilla automática o *locker*. Las rutas de distribución B2C son mucho menos estables pues no hay una cartera de clientes establecida. No obstante, el tratamiento de datos permite predecir razonablemente la intensidad de entregas en diferentes zonas. Los repartidores de paquetería B2C realizan normalmente un gran número de entregas diarias, que pueden superar las cien, en rutas que cambian día a día. Esto deriva en ritmos de trabajo acelerados y, a menudo, condiciones laborales precarias, lo que puede ir en detrimento de una conducción respetuosa y segura.

Uno de los principales retos del canal B2C son las entregas fallidas, es decir, cuando no se encuentra al destinatario en el momento de la entrega, y las devoluciones de productos que no satisfacen al consumidor. Esta «logística absurda» genera importantes sobrecostos a transportistas y vendedores, así como movimientos de vehículos y contaminación innecesarios.

C2C (consumer to consumer)

Se trata de productos que viajan de un consumidor a otro. Entre ellos puede haber relaciones personales, o bien transmitir artículos en plataformas de compraventa o de intercambio entre particulares. Operativamente es parecido al B2C.

Cuadro 1.1.
¿Qué tipo de establecimientos hay en una ciudad
y cuántas entregas reciben?

La tipología de establecimientos y el número de entregas que reciben es muy variable. Conocer esta realidad es imprescindible para cualquier planificación. Ya sea de una administración pública que tenga que prever cuantas zonas de carga y descarga se requieren, como para quien deba planificar horarios y rutas de distribución.

Comencemos con el número y tipo de establecimientos. Esto varía enormemente en función de aspectos culturales que inciden en los hábitos de consumo. Ya lo dijo el cantautor Joaquín Sabina que hay más bares en el barrio madrileño de Antón Martín que en toda Noruega. También depende de la morfología urbana. En las ciudades densas, en las que se puede ir a comprar a pie, tiende a haber más establecimientos y más pequeños, para cuyo suministro se utilizan mayormente vehículos de carga livianos. En las ciudades dispersas donde más personas van a comprar en automóvil hay menos establecimientos y son más grandes, por lo que se aprovisionan con vehículos de carga de mayor capacidad.

Sean grandes o pequeños, el número de entregas diarias está muy relacionado con la tipología del establecimiento y de las prácticas logísticas habituales. Pongamos tres ejemplos.*

En Barcelona se estima que hay unos 96.000 establecimientos y que generan unas 145.000 entregas diarias, lo que supone un promedio de apro-

---

* Fuentes: para Barcelona: Barcelona Regional (www.bcn.regional.com), DUM Data Center. Para Francia: CERTU. Aires de Livraison. Planifier, aménager et gérer l'accueil de véhicules (2013). Para Santiago: Merchan, Blanco & Bateman. Urban Metrics for Urban Logistics: Building an Atlas for Urban Freight Policy Makers (CUPUN 2015).

Figura 1.3. Ejemplo de operativa horeca en una céntrica vía
de la ciudad de Barcelona (España).

ximadamente 1,5 entregas por establecimiento. No obstante, hay grandes
diferencias en las entregas por día entre tipos de establecimiento:

- Oficinas, comercio no alimentario, combustibles: 1-2.
- Horeca, servicios de reparaciones, librerías y prensa: 2-3.

(Continúa en página siguiente.)

Otras características de la DUM

Mercado atomizado

Desarrollar una actividad empresarial en la DUM implica menores barreras de entrada que trabajar en el transporte de larga distancia. Ello es

(Continuación de página anterior.)

- Comercio alimentario: 3-4.
- Farmacias: 6.

En cambio, los promedios estimados de entregas por día para las ciudades en Francia son:

- Horeca: 1,3.
- Panadería: 1,6.
- Alimentación: 2.
- Comercio de ropa: 0,64.
- Librerías y papelerías: 2,7.
- Farmacias: 6,4.

Y en Santiago de Chile, el promedio de entregas diarias por establecimiento es mucho más alto que en los ejemplos europeos:

- Horeca: 10.
- Comercio alimentario: 9.
- Comercio ropa: 3.
- Otros comercios: 6.

debido a que la DUM se realiza mayoritariamente en vehículos pequeños (furgonetas y pequeños camiones), que requieren menor inversión en su compra. El menor tamaño de los vehículos y las rutas más cortas implican que la carga burocrática para operar sea también menor. En algunos países esto deriva en altos niveles de informalidad y en el uso de vehículos no específicamente habilitados para el transporte de mercancías. Estas meno-

Se observa que hay algunas pautas comunes en todos los casos. Así, los comercios alimentarios tienen más frecuencia de entregas que los no alimentarios. También destacan por número de entregas los bares, restaurantes y papelerías, especialmente si distribuyen prensa. Finalmente, las farmacias lideran el número de entregas, al menos en las ciudades europeas. ◼

Figura 1.4. La distribución a oficinas de farmacia representa un gran número de entregas sobre el total.

res barreras de entrada implican que la DUM la realicen empresas muy pequeñas y autoempleados, cuya capacidad de influencia sobre los cargadores es mínima. Esto deriva en márgenes comerciales muy reducidos y condiciones de trabajo exigentes, lo cual puede generar dificultades para reclutar conductores cualificados.

La reducida dimensión de las empresas y los bajos márgenes operativos tiene implicaciones importantes, como la escasa capacidad de inversión para, por ejemplo, renovar flotas con vehículos más eficientes y sostenibles, o invertir en digitalización. También implica escasa capacidad empresarial para incorporar eficiencias organizativas, tecnológicas, capacitación del personal, gestión de la innovación, etc.

Figura 1.5. La distribución de última milla es imprescindible en los centros urbanos.

Uso ineficiente de la capacidad de carga

Las rutas dedicadas a la DUM están sistemáticamente desequilibradas, es decir, se entrega mucho más de lo que se recoge, aunque los vehículos retornen con devoluciones de clientes o envases vacíos. Además, muchos vehículos ya no salen totalmente cargados del almacén para iniciar el reparto por múltiples razones operativas. Estos aspectos plantean retos de productividad y de impacto ambiental importantes.

Fuertes picos

La DUM se caracteriza por fuertes picos de actividad, especialmente durante las mañanas, que a menudo coinciden con los momentos de mayor movilidad de personas en el acceso a las ciudades. También se observan fuertes picos en épocas de gran consumo, como Navidad, otras festividades o fenómenos comerciales como el viernes negro o *black friday*.

Concentración en los centros urbanos

Los flujos DUM, especialmente los B2B, se concentran en los centros urbanos donde hay mayor densidad de comercios y oficinas. Esta concentración se acentúa en muchas ciudades de América Latina o del sur de Europa, con mayor tradición de comercio minorista en el centro urbano y de pequeña restauración. Por ejemplo, en el distrito centro de Río de Janeiro, o en el Zócalo de Ciudad de México, hay alrededor de 2.600 establecimientos de comercio y restauración por cada kilómetro cuadrado. En el centro de Santiago de Chile 1.800 y en el distrito de Lavapiés de Madrid, o en el de Pinheiros de São Paulo, alrededor de 1.400.

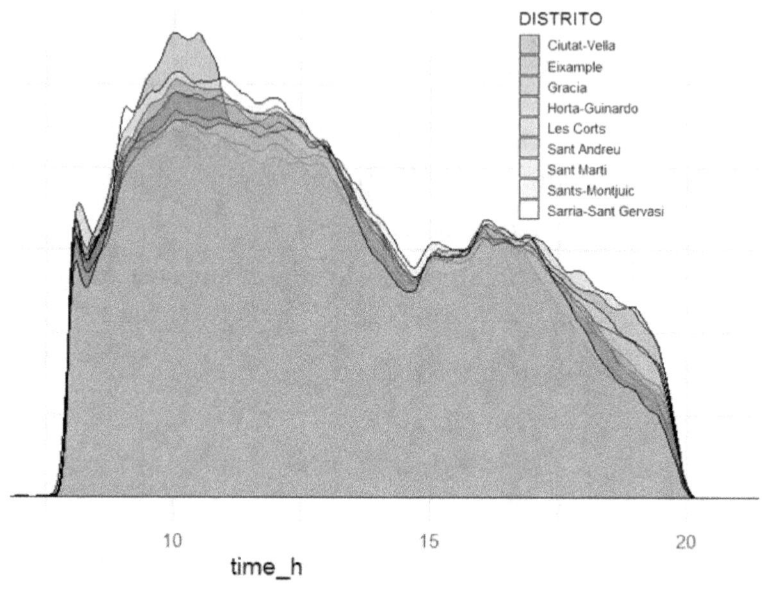

Figura 1.6. Representación gráfica de fuertes picos horarios en la DUM
de Barcelona (España). Se aprecia que estos son más acusados
en los distritos centrales (Ciutat Vella, Eixample).

Cuatro aspectos de los centros urbanos hacen aún más compleja la operativa DUM: a) normalmente son antiguos lo que implica viales más estrechos, b) para llegar a ellos hay que atravesar buena parte de la ciudad desde las periferias donde se encuentran las plataformas de distribución, c) coinciden en ellos muchas otras actividades (por ejemplo, servicios financieros, atracciones turísticas, etc.), y d) también coinciden en ellos flujos intensos de movilidad de personas y la mayor densidad de transporte público en un espacio reducido.

La movilidad asociada a los servicios

En paralelo al transporte de mercancías se desarrolla otra movilidad importante en las ciudades, la asociada a los servicios, que a menudo se confunde con la DUM, pero que tiene una naturaleza y una operativa diferentes. Comprende actividades como:

- Revisión, mantenimiento y reparación de cualquier tipo de instalaciones en oficinas y comercios.
- Instalaciones, montajes y reparaciones en los hogares.
- Servicios de limpieza, fumigación, desparasitación, etc.
- Servicios médicos, sociales o asistenciales de diverso tipo.
- Actividades comerciales y de mercadotecnia, promociones, etc.

Figura 1.7. Los vehículos de servicios no pertenecen propiamente a la DUM, pero su actividad debe ser tenida en cuenta en el flujo logístico urbano.

Para llevar a cabo tipo este de servicios, se necesitan a menudo pequeños vehículos comerciales, donde transportar repuestos y herramientas. Aunque se puedan transportar mercancías, el objetivo principal del viaje no es el propio transporte sino la actividad que se realizará con aquello que se transporta (instalación, reparación, sustitución, etc.). En muchas ciudades estas actividades se equiparan a la DUM y se autoriza su estacionamiento en las zonas habilitadas para carga y descarga.

Aunque existe poca información, estas actividades pueden significar un impacto significativo en las ciudades. Por esta razón se empieza a reconocer su importancia y la necesidad de incorporarlas en las estrategias de movilidad urbana. En Alemania se estimó que los vehículos de servicios suponían el 42 % de los vehículos comerciales y 12 % de todos los que circulan en sus ciudades. En Barcelona, aproximadamente la mitad de los vehículos que usan las zonas habilitadas para carga y descarga corresponden a esta categoría. La importancia de esta tipología de usos motiva que cada vez más sean incluidos en los planes de movilidad y de logística urbana. Así, por ejemplo, en el último Plan de Movilidad de cargas de Londres.[3]

Logística urbana y modelo de ciudad

La evolución de las ciudades transforma su logística urbana, pero al mismo tiempo, la evolución de la logística también transforma a las ciudades. La logística urbana está directamente condicionada por la localización de los establecimientos comerciales, de las oficinas, de las zonas industriales

---

[3] Fuentes: CITYLAB Observatory of Strategic Developments Impacting Urban Logistics (2017); Ayuntamiento de Barcelona: Estrategia DUM 2030; Transport for London: Freight and Servicing Action Plan (2019).

y también de las zonas residenciales. En última instancia, es un reflejo del modelo de ciudad. Para comprender la logística urbana y sus retos es conveniente comprender qué modelo de ciudad predomina y cómo ha ido evolucionando (véanse los diferentes modelos en las figuras 1.8 a 1.13).

La ciudad multifuncional

En la ciudad multifuncional conviven viviendas, industrias, comercios y almacenes en un mismo entorno. La mayoría de personas pueden ir al trabajo caminando o en transporte público, porque realizan desplazamientos cortos, y las familias se abastecen principalmente en comercios de proximidad. Este modelo de ciudad fue la predominante en época de nuestros padres y abuelos.

La ciudad extensa

A medida que la población de las ciudades crece, algunas zonas industriales, almacenes de distribución o mercados mayoristas de abastos, que antes eran periféricos, quedan rodeados por zonas urbanas. Eventualmente, estas

Figura 1.8. La ciudad multifuncional.

zonas industriales son expulsadas a otras ubicaciones suburbanas por una combinación de diversas razones:

- Mayor rentabilidad si se destinan los terrenos industriales del centro urbano a usos residenciales, comerciales u oficinas.
- Reglamentaciones sobre ruidos y contaminación más estrictas, a lo que se suman problemáticas para el acceso con grandes camiones.
- Necesidad de ampliar y modernizar instalaciones empresariales.

Ello libera el centro de las ciudades de buena parte del tráfico de camiones pesados, pero obliga a construir zonas industriales y plataformas logísticas de distribución en la periferia, donde se realizan sistemas de reexpedición *(cross docking)* entre los camiones pesados del transporte de larga distancia y los vehículos ligeros con los que se realiza la última milla. La progresiva escasez de suelo disponible y asequible, así como la necesidad de almacenes cada vez mayores, genera el denominado *logistics sprawl*, es decir, almacenes cada vez más lejanos. Esto aumenta las distancias que deben recorrer los vehículos de distribución y, por lo tanto, su impacto ambiental. Veamos algunos datos para ilustrar este fenómeno. Por ejemplo, la distancia entre los almacenes logísticos y el centro de París se multiplicó

Figura 1.9. La ciudad extensa.

Figura 1.10. Centro comercial en Cali (Colombia).

por tres entre 1974 y 2010, mientras que la demanda de plataformas de más de 50.000 m² en Francia, Reino Unido y Países Bajos se multiplicó por 2,5 entre 2008 y 2015.

La ciudad tercerizada

Muchos de los antiguos espacios industriales en el interior de la ciudad son ocupados por oficinas y por centros comerciales. Asimismo, se observa una progresiva expansión residencial y terciaria en las periferias urbanas, impulsada por precios del suelo más baratos y un entorno de mayor calidad. En esta fase aumentan de nuevo los flujos de mercancías desde la periferia hacia los núcleos urbanos. Y también crece el número de personas que se desplazan de la periferia al centro y del centro a la periferia, bien sea para trabajar en oficinas, para comprar, o para pasar ratos de ocio en los centros comerciales.

Figura 1.11. La ciudad tercerizada.

Estos fenómenos no eliminan los flujos descritos en etapas anteriores, sino que se suman a ellos, con lo cual se multiplican los desplazamientos centro-periferia y viceversa, tanto de personas por motivos laborales o de adquisición de bienes, como de vehículos que transportan mercancías.

La ciudad omnicanal

La penetración del comercio electrónico impacta en el sector comercial. En las zonas comerciales urbanas y en los centros comerciales, cada vez hay menos establecimientos vendiendo *cosas* y más establecimientos vendiendo servicios o *experiencias,* ya sean restaurantes más o menos especiales, servicios para la salud o para la imagen personal u ocio, entre otros. Y muchos comercios de *cosas* unen la *experiencia* a su proposición de valor. Aparece así la omnicanalidad, es decir, la combinación variable del canal en línea con la tienda física.

La rapidez y fiabilidad en la entrega que el cliente exige en sus compras en línea hacen la distribución de última milla inviable desde almacenes lejanos. Por ello aparecen plataformas de distribución cada vez más próximas, ocupando a menudo espacios que habían sido utilizados por industrias que han cerrado, e incluso plataformas o *hubs* urbanos en las zonas con mayor demanda.

Figura 1.12. La ciudad omnicanal.

En la ciudad omnicanal el consumidor se desplaza a realizar algunas compras en establecimientos físicos y otras las realiza por un canal en línea y los productos llegan a su domicilio. La suma de estos flujos añadidos a los derivados de los procesos anteriores nos lleva a la situación actual: ciudades congestionadas por personas que cada vez se deben desplazar más y más lejos y por multitud de flujos de mercancías cruzándose en los canales B2B y B2C.

La ciudad de los quince minutos

Este crecimiento acelerado de muchas ciudades y la multiplicación de desplazamientos cada vez más largos y costosos, ha puesto sobre la mesa la conveniencia de retornar a un cierto modelo de ciudad multifuncional bajo el concepto de la *ciudad de los quince minutos*. Se trataría de que los lugares de estudio, de trabajo y de compra fueran accesibles en este tiempo ya sea andando o en transporte público.

Y se trataría que los flujos de última milla, tanto B2B como B2C, se realizaran de la manera más sostenible posible, mediante medios de transporte no contaminantes o mediante la movilidad activa del consumidor.

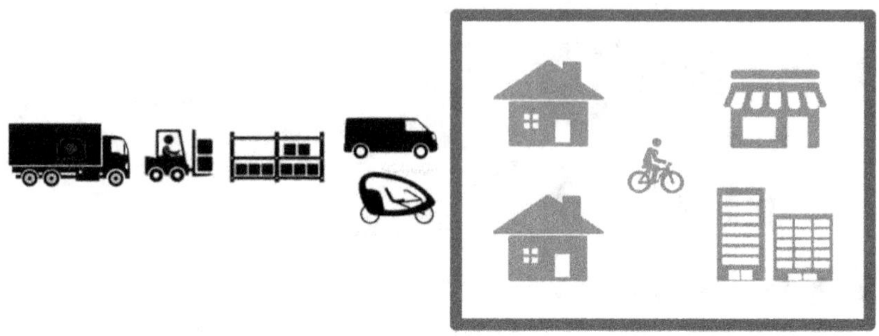

Figura 1.13. La ciudad de los quince minutos.

La concienciación ambiental de la población hace que muchas ciudades estén tomando medidas en movilidad o urbanismo para avanzar en esta dirección. Es evidente que el modelo «puro» preconizado es inviable en muchas ciudades, pero sí que está apuntando hacia una tendencia respecto a las maneras de organizar los flujos de mercancías en el futuro.

Logística urbana en Europa y en América Latina

Como se ha avanzado en la introducción, este libro se concibe desde una perspectiva europea y latinoamericana. Y como también se ha dicho, ni Europa ni América son continentes homogéneos. La mayoría de las características operativas descritas en este capítulo son bastante coincidentes en cualquier parte del mundo medianamente desarrollado. Pero sí que es evidente que las ciudades y la sociedad en Europa y en América Latina tienen características diferentes, y que esto se traduce en desafíos diferentes. A continuación, se describen algunas de estas diferencias y su impacto en la última milla.

- En América Latina existen grandes megalópolis de dimensiones inexistentes en Europa, como Ciudad de México o São Paulo. Además, el crecimiento de muchas ciudades se ha realizado de manera menos planificada, aunque aquí también hay diferencias significativas entre países en los dos lados del Atlántico. Dimensión y falta de planificación implican que la vialidad o los sistemas de transporte público sean a menudo insuficientes para dar respuesta a la movilidad que se genera. Esto obliga a algunas ciudades latinoamericanas a adoptar medidas más radicales como la medida de restricción conocida como «pico y placa» (norma de tránsito que restringe la circulación en áreas urbanas especialmente a vehículos privados en horarios de mayor afluencia de tráfico, dependiendo del último número de placa del automóvil).

- Muchas ciudades europeas tienen un centro histórico con calles estrechas y con alta densidad comercial y de servicios. También en

Figura 1.14. Zona comercial peatonal en Córdoba (Argentina).

América Latina hay muchas ciudades con centros históricos (Quito, Lima, Bogotá…), pero de origen más reciente y normalmente con trama vial en cuadrícula. Esto explica que a menudo las restricciones de tráfico en los centros históricos europeos sean más estrictas, incluyendo la peatonalización total, que en América Latina.

- La dualidad social es más aguda en muchos países de América Latina que en Europa. En muchas ciudades de América coexisten zonas residenciales planificadas, dotadas de infraestructuras urbanas y servicios, junto con áreas desfavorecidas y no planificadas (favelas, ranchos, barrios miseria, etc.) que presentan importantes déficits en estos aspectos. Gestionar la última milla para abastecer una zona residencial de estratos medios o altos es muy diferente a la que se requiere para abastecer un barrio de favelas. Estas diferencias no son tan marcadas en Europa.

- En los estratos sociales menos favorecidos de América Latina predomina la economía informal que incluye muchas actividades relacionadas con la última milla: como puntos de venta informales en la calle, nanocomercios, «encomenderos» que los abastecen con bicicletas, motocicletas o automóviles adaptados *sui generis* para transportar cargas, «coteros» que acarrean mercancías en zonas comerciales informales con sus carretillas, etc. Es decir, en América Latina coexisten modelos de comercio y de cadena de suministro muy diferentes. Por un lado, tenemos establecimientos comerciales y canales de distribución plenamente equiparables con las operativas en Europa y en otros países desarrollados. Y, por otro lado, comercios y canales de distribución aún muy tradicionales y con un gran componente informal, que en Europa son mucho menos habituales.

- El rápido crecimiento urbano y la escasa planificación de dicho crecimiento experimentados en América Latina han comportado un tejido

Figura 1.15. En América Latina coexisten las grandes superficies y el comercio tanto formal como informal. Arriba, un supermercado de alimentación en un centro comercial de Quito (Ecuador) y abajo una céntrica calle de Cali con venta informal (Colombia).

urbano donde las zonas industriales y de distribución mayorista están a menudo rodeadas de zonas residenciales. En Europa el crecimiento de las ciudades acostumbró a ir acompañado de un desplazamiento de las zonas industriales a las afueras. Esto significa que en América Latina tienden a ingresar muchos más camiones de carga pesada en las ciudades derivado de estas actividades industriales.

- Una derivada de lo anterior es que el crecimiento urbano también absorbió nodos logísticos como mercados mayoristas, que son grandes generadores de flujos de cargas en el interior de las ciudades. Estos mayoristas se benefician de la centralidad y acostumbran a tener fuertes resistencias al cambio, a pesar de que las instalaciones se hayan convertido en obsoletas y que los flujos de transporte sean ineficientes y generen grandes impactos.

2

¿Por qué la logística urbana es importante?

Importante para las ciudades

En las ciudades se vive, se trabaja y se consume, lo que implica un movimiento físico de productos. Si hacemos historia, nos daremos cuenta que los flujos de mercancías están en el origen de la mayoría de ciudades, o bien por estar en cruces de caminos que favorecían el comercio, por ser puertos marítimos o fluviales, por ser nodos de agregación e intercambio de productos agrícolas o industriales, por ser puntos de parada en largas rutas comerciales, o por varios de estos factores a la vez.

A medida que las ciudades han crecido, los flujos logísticos se han vuelto más complejos y extensos, y los flujos de mercancías siguen siendo vitales para tener ciudades competitivas, atractivas y vibrantes. Esto implica el movimiento de ingentes volúmenes de mercancías. Se estima que en

Nueva York se mueven 45 kg de mercancías de todo tipo por habitante y día, en Pekín 35 y en Bogotá 32.[1]

En Nueva York (8,5 millones de habitantes) se producen más de dos millones de operaciones de carga al día, es decir casi cien operaciones por habitante y año. En la ciudad de Barcelona (1,7 mill. hab.) son unas 250.000, es decir más de cincuenta por habitante y año. En la región de París (12 mill. hab.) hay 655.000 movimientos en día laborable generados por comercio y servicios. En Bogotá (8 mill. hab.) se mueven 195.000 vehículos de carga por día, de los cuales más de 50.000 hacen movimientos internos.

Estos flujos generan impactos importantes en las ciudades en términos de contaminación, congestión, uso del espacio público y seguridad vial. La contaminación tiene dos impactos: la emisión de CO_2 con un impacto *global* como agente del cambio climático, y los contaminantes de efecto *local* como los óxidos de nitrógeno (NO_x) y las micropartículas (MP), que inciden directamente en la salud de las personas expuestas a estas emisiones. Los vehículos de transporte de cargas contribuyen de manera desproporcionalmente alta en la generación de emisiones porque a menudo son más viejos, con motores diésel, paran y arrancan con mucha frecuencia en sus rutas de reparto y circulan a velocidades no óptimas para minimizar el consumo de combustible.

Así, por ejemplo, el transporte de cargas genera el 15 % de los movimientos de vehículos en Londres, pero el 23 % de las emisiones de CO_2, el 33 % de las emisiones de NO_x y el 29 % de las MP. En Bogotá el transporte de cargas genera el 43 % de las emisiones de MP y en Ciudad de México el 71 %.

---

[1] Fuentes de los datos citados en este apartado: CAF. Estrategia de Logística Urbana Sostenible y Segura LOGUS (2019); TfL. Freight and Servicing Action Plan (2019); Observatorio de Movilidad de Bogotá.

Figura 2.1. La antigüedad de las flotas de vehículos de carga
incrementa los niveles de contaminación.

Importante para las empresas

Las empresas ubicadas en las ciudades, ya sean comercios, hoteles, restaurantes, industrias, hospitales, oficinas o servicios de cualquier tipo necesitan suministros para su actividad. Pero llevar estos suministros al interior de las ciudades acostumbra a ser más complejo y más caro que enviarlos a emplazamientos periféricos. Se estima que el costo de la última milla puede situarse entre el 30 y el 40 % de costo logístico total de una cadena logística.

Este alto costo tiene que ver con los transbordos *(cross-docking)* y con el menor tamaño de vehículos necesario para asegurar la capilaridad en las entregas. En España, por ejemplo, el costo por kilómetro de un camión ar-

Figura 2.2. Un camión de reparto estacionado en una parada
de bus pone en riesgo de atropello a las personas usuarias
que descienden si da marcha atrás.

ticulado era de 1,3 € a principios de 2023 y el de una camioneta de 1,1 €.[2] Considerando que el primero tiene una capacidad de carga útil de 25 t y la segunda de 1,5 t, resulta que el costo por kilo y kilómetro en última milla es hasta catorce veces más alto que en larga distancia. Esto sin tener en cuenta que los retornos en vacío son más habituales en la última milla.

Pero más allá del costo por kilometraje, la última milla representa mayor complejidad operativa pues inciden muchas más regulaciones (horarios, res-

---

[2] Datos del Observatorio de Costes del Transporte de Carretera en España correspondientes a enero de 2023.

Figura 2.3. El transportista de última milla es la cara visible
de una cadena logística mucho más extensa.

tricciones, zonas autorizadas, etc.) que en el transporte de larga distancia. Y también porque inciden otros factores como numerosos puntos de reparto, con diferentes requerimientos, diferentes horarios, condicionamientos operativos, etc.

La fiabilidad es otro elemento relevante para todos los agentes de la cadena. En la Unión Europea, la fiabilidad de las cadenas B2B se estima en el 95 %, mientras que solo se alcanza el 70-75 % de fiabilidad en las entregas B2C en medios urbanos.[3] Estos porcentajes pueden variar en

---

[3] Fuente: Alice. Urban Freight Research & Innovation Roadmap.

otros contextos con cadenas logísticas menos robustas. En todo caso, existe recorrido para mejorar.

Y finalmente en la última milla es donde se produce la interfaz con el cliente destinatario de las mercancías y, por lo tanto, su percepción del valor, fiabilidad y calidad del servicio. En este sentido, el transportista de última milla es la cara visible de una cadena logística que puede ser muy extensa, pero invisible para el destinatario.

Importante para las personas

La logística urbana se realiza en las ciudades que es donde habita una proporción cada vez más alta de la población del planeta. El 75 % de la población de la Unión Europea vive en ciudades. En América Latina y el Caribe, la proporción de población urbana es del 80 %, pero en países como Argentina, Uruguay y en algunas naciones caribeñas, el porcentaje supera el 90 %. En Estados Unidos, la población urbana es el 83 %.[4]

El valor esencial de la logística urbana para llevar los suministros a la población se hizo plenamente evidente durante las cuarentenas por la pandemia de covid-19. Pero, además, la logística urbana es, en sí misma, una importante fuente de empleo y de creación de riqueza.

El peso de las actividades de logísticas en la Unión Europea se sitúa alrededor del 3 % del PIB, porcentaje similar al de los principales países como Alemania, Francia, España o Italia. Este peso tiende a aumentar en las regiones más urbanizadas. Así el peso de la logística en Cataluña, que es una de las regiones más urbanizadas de España, se sitúa alrededor del 14 %.[5]

---

[4] Fuente: Base de datos del Banco Mundial.
[5] Fuente: Observatorio de la Logística de Cataluña.

Figura 2.4. La logística es una importante fuente de empleo
en algunos sectores sociales.

Por último, cabe señalar el impacto en términos de seguridad. En las ciudades europeas, los vehículos de transporte contribuyen entre el 10 y el 15 % de los accidentes. El porcentaje de accidentes graves y mortales aumenta cuando están involucrados vehículos pesados y normalmente las principales víctimas son los usuarios de los modos de movilidad activa: ciclistas y peatones. Esto se debe a factores como el efecto barrera visual de los vehículos de mayor envergadura, los ángulos muertos con escasa visibilidad desde la cabina que tienen estos vehículos, los mayores radios de giro, mayor inercia en el frenado cuando van en carga, entre otros.

Añadir que el crecimiento de los repartos «instantáneos» mediante motocicletas, bicicletas o vehículos de movilidad personal (VMP)[6] está generando una ola de accidentes en los cuales estos transportistas son causantes y víctimas.

Importante por su crecimiento y capacidad disruptiva

Hasta el 2002 el comercio electrónico de bienes tangibles no existía más allá de una plataforma que, desde hacía unos pocos años, vendía libros y discos, llamada Amazon. Diez años más tarde (2012), las ventas por comercio electrónico se situaban en torno a un trillón de dólares y diez años después (2022) ya superaban los cinco trillones. Las estimaciones para 2026 superan los 8 trillones[7] y se prevé que el tráfico de mercancías en las ciudades en 2050 va a triplicar las cifras de 2010.

En poco más de veinte años se ha producido una disrupción radical que afecta a la manera como consumimos, disloca los modelos tradicionales de distribución comercial, influye en el tipo de establecimientos que encontramos en las ciudades y en la tipología de vehículos que circulan por las calles.

Otros fenómenos como la entrega inmediata, las plataformas colaborativas, o el *crowdsourcing* siguen transformando los canales de distribución y los hábitos de consumo. Innovaciones que estaban en el horizonte hace poco ya son una realidad: inteligencia artificial, internet de las cosas (IoT), cadena de bloques y nuevos vehículos de todo tipo.

La distribución de última milla es uno de los campos donde se han experimentado más cambios disruptivos en las últimas décadas. En el ca-

---

[6] Incluye patinetes con o sin asistencia eléctrica, monociclos, biciclos tipo Segway y pequeños vehículos de carga (normalmente menos de 200 kg de carga útil).

[7] Fuente: Statista. Un trillón corresponde a 1.000.000.000.000.

Figura 2.5. La tipología de los vehículos de reparto que circulan
por las ciudades ha variado en los últimos años.

mino hay ganadores y perdedores, estos últimos a menudo sin intuir el
impacto de las innovaciones que los dejaban fuera del mercado en poco
tiempo. Si la mayoría de las ciudades se construyeron en una época en la
que no había automóviles o muy pocos, hoy estas ciudades se ven obli-
gadas a buscar herramientas para manejar estos cambios acelerados en un
contexto de emergencia climática e incertidumbres económicas.

3
Los agentes relevantes

La logística urbana representa una relación dialéctica entre numerosos agentes con intereses contradictorios que operan en la ciudad, entendida como espacio para la vida ciudadana más que como mercado. Estos agentes se pueden clasificar en tres categorías: a) los agentes privados, b) las administraciones públicas y c) la ciudadanía.

Es conveniente identificar estos agentes, así como sus intereses y motivaciones y cómo inciden los unos en los otros. Demasiado a menudo las personas encargadas de planificar las operativas de distribución de mercancías en las ciudades, las que realmente realizan estas operativas, las que establecen normativas y condiciones para desarrollar dichas operativas y las encargadas de fiscalizar el cumplimiento de las normativas funcionan con mapas mentales diferentes. En este sentido es necesario que unos y otros abandonen sus zonas de confort y comprendan las lógicas operativas, económicas y sociopolíticas a las que deben responder los diferentes intervinientes. *Cooperación* es un concepto fundamental que se repite en todos los foros en los que se debate la logística urbana. Pero en la mayoría de ciudades, articular un diálogo constructivo entre todos los agentes continúa siendo un reto.

Los agentes privados

Los agentes privados involucrados son numerosos a lo largo de la cadena logística: compradores, cargadores y vendedores, operadores logísticos, transportistas, comerciantes y receptores de las mercancías. Sus relaciones a lo largo del proceso de una operación de logística urbana se ilustran en la tabla 3.1.

La posición de los diferentes intervinientes en una operación de logística urbana permite comprender mejor sus intereses y su capacidad de influencia frente a otros agentes, o frente a las administraciones públicas. A continuación, se sintetizan estos intereses y la capacidad de influir de los diferentes intervinientes.

Pequeño comercio

El pequeño comercio representa una multiplicidad de agentes con tipologías logísticas diferentes en función de los productos (alimentación, ropa de vestir, productos para el hogar, etc.) y tamaños también variables desde los nanocomercios más o menos formales, hasta los centros comerciales más sofisticados.

El pequeño comercio es uno de los principales prescriptores sobre cómo se realiza la DUM, pues imponen sus requerimientos horarios y las formas y frecuencia de los envíos. Normalmente, la empresa vendedora traslada estos requerimientos a la transportista, con quien el comerciante no tiene ninguna relación contractual, añadiéndole presión en su operativa.

Figura 3.1. El pequeño comercio tradicional sigue siendo un actor clave de la DUM.

También es un colectivo con una significativa capacidad de influencia frente a las administraciones públicas, pues acostumbra a ser un colectivo relativamente organizado. En muchos países de Europa el pequeño comercio percibe a las grandes cadenas y, muy en especial, al comercio electrónico, como amenazas existenciales y se organiza como lobby para defender sus puntos de vista ante las autoridades.

Gran distribución, cadenas

Establecen su operativa a nivel de grupo para todo un país o incluso a escala mundial, definiendo los niveles de servicio exigido a las empresas operadoras y contratan servicios de transporte y logísticos en concursos (*tender*) donde el precio es la variable básica. Las empresas contratadas, a su vez, trasladan la presión sobre el precio a las pequeñas empresas transportistas subcontratadas.

Tabla 3.1. Proceso de una operación de logística urbana

ETAPA	INTERVINIENTE PRINCIPAL
1. Generación	**Comprador.** En las cadenas B2B es un negocio (comercio, hostelería, etc.). En pequeños establecimientos normalmente es el titular del negocio receptor. En establecimientos de mayor tamaño es una persona del departamento de compras. En las cadenas B2C el comprador es el cliente final
2. Preparación	**Vendedor o cargador.** Puede ser una empresa *fabricante* y preparar el pedido con productos propios, o bien una *distribuidora o mayorista*, que prepara el pedido con productos fabricados por otras empresas
3. Organización del transporte	**Empresa transportista.** En la mayoría de casos el vendedor no dispone de medios de transporte propios y debe contratar una o varias empresas de transporte para servicios regulares o puntuales. El *contrato de transporte* vincula a la empresa transportista con el vendedor. En algunos casos es el propio comprador quien se desplaza a la plataforma de distribución con sus propios medios de transporte lo que se denomina *autoabastecimiento*. Una versión evolucionada es el **operador logístico** que integra las actividades 2 y 3

Acción	Lugar donde se realiza la acción	Información y documentación
Emisión de la **orden de compra**	Departamento de compras de la empresa receptora	Orden de compra que incluye: tipología y cantidades de producto, lugar y fecha de entrega solicitada, información de contacto del receptor, datos de pago
Preparación del pedido que incluye la selección de los ítems *(picking)*, su posicionamiento en la zona de expedición de la plataforma	Normalmente en la plataforma de distribución de la empresa fabricante o mayorista	Albarán de venta confirmando las tipologías y cantidades efectivamente suministradas y la fecha de entrega programada
Organización de las rutas de transporte. Requiere coordinar lugares y fechas/horas de entrega acordados con el comprador, con las regulaciones para el acceso de vehículos y la carga y descarga en las ciudades **Carga de los vehículos** con los pedidos. En España, la ley exige que la realice el personal de la empresa cargadora, aunque bajo la supervisión de la transportista que indica su posicionamiento y estiba de acuerdo con la ruta prevista de entregas y recogidas. Esto no siempre se cumple	Plataforma de distribución	Ruta de reparto

(Continúa en página siguiente.)

(Continuación de página anterior.)

Etapa	Interviniente principal	
4. Transporte	**Transportista efectivo.** Puede ser personal conductor de la empresa de transporte o, muy habitualmente, un transportista autónomo, una microempresa. Su relación con la empresa de transporte es un *contrato laboral o de prestación de servicios,* en los cuales figuran KPI tales como número de entregas o la fiabilidad	
5. Recepción	**Receptor.** Puede no coincidir con el comprador en empresas con compra centralizada	

Acción	Lugar donde se realiza la acción	Información y documentación
Transporte siguiendo la ruta programada o en su caso ajustándola en función de imponderables como tráfico o cambios de última hora solicitados por el comprador (a veces su ausencia) **Descarga** de la mercancía y acarreo hasta las dependencias del comprador. A pesar de no tener normalmente ninguna relación contractual con el transportista, el receptor impone requerimientos sobre horas y formas de entrega, así como otros requerimientos como el posicionamiento en el almacén o en la zona de venta del comerciante y la recogida de devoluciones, productos defectuosos, envases vacíos, etc.	Circulación por vías urbanas e interurbanas. Operaciones de carga y descarga, o bien en espacios habilitados en la vía pública, o en espacios propios del receptor. A menudo de manera irregular en la vía pública	Reserva de tiempo y espacio para la descarga en las instalaciones del receptor. Marcaje del tiempo de llegada y de permanencia en los sistemas establecidos por las municipalidades para el uso de las zonas habilitadas para carga y descarga en espacios públicos
Confirmación de entrega. El receptor confirma que la tipología, cantidades y estado de los productos es conforme. Ello puede implicar inspección de los productos entregados para emitir la conformidad. Algunos proveedores ofrecen garantías de servicio a sus clientes para reducir los riesgos de dar conformidad a productos defectuosos o cantidades inexactas, lo que reduce la necesidad de inspección por parte del receptor	Establecimiento del receptor. Normalmente un comercio o negocio en las cadenas B2B, o el cliente final en las B2C	Albarán de entrega. Confirma la entrega de los productos y, por lo tanto, las responsabilidades sobre ellos pasan del transportista al receptor. Esto pone en marcha el proceso de facturación e inicia los plazos de los servicios posventa y garantías

Figura 3.2. Plataforma de distribución a supermercados.

Aspiran a aumentar la cuota de mercado y, por lo tanto, presionan a la Administración para abrir más establecimientos, a veces en lugares donde su actividad puede comprometer seriamente la movilidad. Debido al elevado volumen de negocio que manejan tienen una fuerte capacidad de influencia frente a operadores logísticos y transportistas.

Plataformas de comercio electrónico

Las grandes plataformas de comercio electrónico han generado un nuevo negocio enorme: el B2C que antes era marginal o inexistente. El comercio electrónico a escala global está dominado por Amazon, aunque también existen potentes líderes regionales como AliExpress en Asia y Europa, Mercado Libre en América Latina, Flipkart en India, o Yandex en Rusia y países vecinos. Asimismo, hay muchas nuevas compañías entrantes, con capacidad de conseguir rápidamente cuotas de mercado, como Shein.

La mayoría de plataformas de comercio electrónico gestionan directamente la preparación de los envíos y subcontratan las operaciones de transporte, aunque algunas pueden tener una parte de flota propia. Debido a que mueven volúmenes enormes, estas plataformas tienen una gran fuerza para fijar las pautas operativas y económicas a sus contratistas y subcontratistas. Y debido a que sus centros de distribución suponen importantes inyecciones de inversión y empleo en las regiones receptoras, no es extraño

Figura 3.3. Consigna automática en un quiosco de revistas en la calle para la recogida de compra en línea.

Cuadro 3.1.
¿Cómo se organizan las rutas de reparto?

Las rutas que realizan las empresas transportistas vinculadas a la distribución urbana de mercancías pueden ser de dos tipos:

- **Rutas maestras.** Son rutas fijas para visitar unos puntos preestablecidos y constantes, y con unos volúmenes transportados relativamente estables. En estos casos, la persona que conduce el vehículo conoce la problemática de su ruta; por ejemplo, dónde están las zonas de carga y descarga, qué restricciones horarias hay, cuáles son las casuísticas especiales de la clientela, etc. Este tipo de rutas son habituales en la distribución a comercios y hostelería.

- **Rutas dinámicas.** Son rutas que se programan diariamente en función de la demanda debido a la gran variación en los puntos de entrega y con oscilaciones significativas en los volúmenes transportados. Son habituales en la paquetería y la mensajería.

Una práctica habitual de las grandes distribuidoras, los operadores logísticos y las empresas de paquetería, es asignar «zonas de reparto» entre sus transportistas. Se hace buscando una cierta equidad, de manera que todos ellos tengan un volumen de actividad similar y que cada uno acabe conociendo bien la zona y los requerimientos de los principales clientes. Esto explica que las zonas de reparto con muchas entregas (los centros urbanos) sean más pequeñas en extensión que las que tienen menos entregas.

La planificación de las rutas dinámicas es mucho más compleja y la minimización de la distancia/tiempo de desplazamiento es clave para conseguir realizar las entregas programadas. La conveniencia de los clientes se tiene en cuenta en mayor o menor medida, pero a menudo no es determinante, especialmente si no son habituales, o no mueven mucho volumen. En cambio, pueden ser determinantes las restricciones que impongan las administraciones públicas.

En el caso de la paquetería, las rutas se deben programar de modo que las entregas y las recogidas se hagan secuencialmente, para no exceder la

Figura 3.4. El distribuidor dedicado a una cadena
comercial conoce y opera con rutas maestras.

(Continúa en página siguiente.)

que se hayan beneficiado de incentivos y facilidades para instalar sus almacenes en muchos países de Europa y Norteamérica.

Es interesante apuntar que los cortos plazos de entrega ofrecidos obligan a instalar las plataformas de distribución lo más próximo posible de las ciudades y, ante la escasa disponibilidad de suelo, a desarrollar tipologías de centros de distribución innovadores, por ejemplo, más automatizados o de varias plantas.

(Continuación de página anterior.)

capacidad de carga del vehículo o bien «tapar» los paquetes a entregar con recogidas recientes.

Los criterios para programar las rutas de distribución deben tener en cuenta aspectos como:

- Optimizar el uso de la flota.
- Evitar el recurso a horas extraordinarias por parte del personal en plantilla.
- Maximizar el servicio (cumplimento de plazos).
- Minimizar las distancias y los tiempos de recorrido.
- Evitar vías y horas congestionadas.
- Minimizar el transporte en vacío.
- Respetar las normativas de tiempo de conducción, carga, velocidad, restricciones locales, etc.
- Tener en cuenta las restricciones horarias impuestas por los clientes.
- Asegurar el retorno a la base (o minimizar los costos de dietas).

Existen en el mercado multitud de programas informáticos para planificar rutas. Estos programas permiten introducir en el sistema las variables expuestas y, utilizando varios algoritmos, planificar rutas con diversos

Empresas de transporte y operadores logísticos

Son las empresas encargadas de organizar los flujos logísticos de las grandes cadenas y los pequeños establecimientos. Son un sector al alza con una presencia cada vez mayor de grandes agentes multinacionales. Tienen mayor músculo financiero que las transportistas de menor tamaño, lo que les permite incorporar innovaciones tecnológicas y de gestión. Estas em-

puntos dc parada y minimizar el tiempo o los kilómetros recorridos. Gracias a ellos, los ahorros en los costos de transporte pueden ser importantes.

Los programas están construidos sobre una cartografía digital y son más eficientes si pueden conectarse en tiempo real a las informaciones sobre el tráfico y reaccionar en consecuencia. En algunas ciudades se dispone de información más fiable sobre las vías principales (vías de acceso y de paso), que de las secundarias, donde se encuentran muchos de los puntos de recogida y entrega.

En los sistemas complejos de planificación de rutas a menudo se necesita introducir muchas variables, lo que supone un costo en tiempo importante. Por ello se ejecutan normalmente en el nivel de departamento de tráfico, no en el del personal conductor del vehículo. La inteligencia artificial está ya siendo un aliado importante para facilitar estas tareas. Los sistemas más avanzados permiten obtener analíticas de seguimiento sobre las rutas utilizadas, los tiempos de tránsito o las restricciones en el tráfico, entre otros parámetros, que permiten identificar las rutas más seguras, eficientes y económicas.

Pero la vida del profesional del transporte en la ciudad nunca está exenta de imprevistos, como clientes ausentes, alteraciones del tráfico, operaciones más complejas de los previsto, etc. La intuición y habilidad del profesional experimentado vale casi tanto como las mejores aplicaciones para planificar itinerarios. ∎

presas demandan plataformas logísticas y, por lo tanto, suelo disponible y a precios competitivos cerca de las ciudades.

Su capacidad de influencia es alta frente a los transportistas efectivos, pues pueden escoger entre una amplia oferta. En cambio, su influencia es baja frente a las cadenas de distribución, las grandes superficies y las plataformas de comercio electrónico que, en última instancia, son las que generan una mayor actividad económica. Tampoco tienen una capacidad de incidencia elevada frente a las administraciones públicas, que a menudo no las identifica claramente como agentes diferentes a los transportistas efectivos o a las cadenas de distribución.

Transportistas efectivos

Muy a menudo son profesionales independientes o microempresas que pertenecen a estratos sociales medio y bajo. Como las barreras de entrada son bajas, hay mucha oferta y competencia entre ellas, lo que deriva en márgenes operativos muy estrechos y la necesidad de aumentar al máximo el número de entregas para asegurar no quedarse fuera del mercado.

Su capacidad de influencia frente a empresas cargadoras y otras empresas de transporte es baja, pues estas pueden escoger entre una abundante oferta de transportistas efectivos. Su capacidad de influencia respecto a los receptores es nula, pues no hay ninguna relación contractual entre ambas partes. No obstante, su capacidad de influencia frente a las administraciones públicas puede ser significativa, pues son un colectivo numeroso y a menudo organizado.

Las administraciones públicas

Las vías urbanas son limitadas y por ellas circulan diferentes medios de transporte con distintos objetivos: los automóviles de uso particular, los autobuses y otros vehículos de transporte público, los vehículos de servicio (ambulancias, policía, bomberos, etc.), las bicicletas, los peatones y, también, los camiones y las furgonetas dedicados al transporte de mercancías. Estos usos compiten entre ellos por el espacio público. Por ejemplo, más aceras implican menos carriles de circulación, más zonas de carga y descarga implican menos espacio de aparcamiento en la calzada, etc. Las municipalidades deben ejercer de árbitros para compatibilizar estos usos en

Figura 3.5. Camión estacionado sobre paso de peatones impidiendo
la correcta circulación de viandantes.

la medida de lo posible, de manera que el sistema urbano en su conjunto siga funcionando adecuadamente.

Para ejercer este arbitraje, las municipalidades parten con algunas debilidades, como se describen a continuación.

Falta de know-how *y de datos*

La mayoría de ciudades del mundo deben regular tráficos vehiculares de decenas de miles de vehículos por día. Además, disponen o gobiernan empresas de transporte público con flotas de centenares o miles de vehículos y cuyas tarifas, rutas y condiciones de servicios están detalladamente reguladas. No es extraño, pues, que las municipalidades cuenten con equipos técnicos importantes en sus departamentos de movilidad focalizados en el transporte de personas.

¿Y las mercancías? Pues solo suponen un porcentaje del tráfico total, y se trata de una actividad totalmente privada. Además, como no es ni una prioridad ciudadana ni política, pues las mercancías no votan, ¿para qué dedicarle esfuerzos más allá de cuando se produce un problema puntual en algún lugar? Esta es la situación en la mayoría de municipalidades del mundo: no es una prioridad y no hay personal técnico familiarizado con la movilidad de mercancías. Una derivada de este problema es la dificultad para abordar un diálogo constructivo entre el sector público y el privado. Para el técnico cuya prioridad son los autobuses o las bicicletas, los vehículos de transporte de mercancías se perciben más como un estorbo que como elementos esenciales del sistema urbano.

Un problema asociado al anterior es la falta de datos. Para el transporte público regulado y subsidiado, las autoridades disponen de mecanismos para conocer hasta el mínimo detalle el número de usuarios, sus horarios, sus rutas y hasta el motivo de su viaje. Toda esta información facilita una planificación basada en datos. En el caso de las mercancías, se trata de una actividad privada donde no se requiere informar a las autoridades sobre rutas, destinatarios, tipo de cargas, etc. Se pueden obtener informaciones indirectas o parciales mediante cámaras de control del tránsito, observaciones de campo, aplicaciones, chips a bordo o encuestas. Pero son procesos complejos y caros. Esto resulta en que las autoridades no disponen de visibilidad objetiva de la movilidad de mercancías y, por lo tanto, sus políticas y medidas se basan más en presunciones que en datos.

Heterogeneidad normativa

En muy pocos países hay directrices que armonicen las regulaciones sobre logística urbana entre ciudades. Esto es consecuencia de que la circulación por las vías urbanas tiende a ser competencia exclusivamente municipal. Y ante la ausencia de directrices nacionales, cada ciudad tiende a poner reglas propias. Algunos ejemplos, en el caso de España:

- Peso máximo de camiones autorizados a circular: 18 t en Madrid, 16 t en Málaga, 18-12 t (según calles) en Barcelona, 12 t en Sevilla, Valencia y Las Palmas, 12,5 t en Zaragoza y 9,5 t en Bilbao…
- Horario autorizado para carga y descarga: de 8 a 20 h en Madrid, Barcelona, Valencia y Las Palmas, de 9 a 19 h en Bilbao, de 7 a 11 h/15 a 17 h en Sevilla, de 9 a 12 h/14 a 17 h en Zaragoza, de 8 a 11 h/16 a 18 h en Málaga…
- Horario para carga y descarga nocturna: de 22 a 7 h en Madrid, Sevilla y Málaga, de 21 a 7 h en Barcelona y Zaragoza, de 22 a 8 h en Las Palmas, en Valencia está prohibida…

Es evidente que esta dispersión dificulta a los operadores realizar una planificación a escala nacional de las operaciones DUM. Y esta heterogeneidad es más perjudicial cuando se trabaja en diversos municipios de un entorno metropolitano, tal y como se expone en el siguiente apartado.

Figura 3.6. Las municipalidades regulan los horarios de carga y descarga; esta señalización indica obligatoriedad de hacerlo de noche para los camiones de mayor porte.

Ausencia de jurisdicción metropolitana

Muy a menudo las operaciones de logística urbana se originan en plataformas de distribución situadas en la periferia de las ciudades, si bien el grueso de las operaciones se realiza en zonas urbanas. Por lo tanto, estamos hablando de una actividad que tiene una escala metropolitana y regional además de una estrictamente urbana. En estos casos, las regulaciones sobre la última milla, por ejemplo, en qué horarios se puede realizar la carga y descarga en el hipercentro de una ciudad, tienen importantes impactos aguas arriba, más allá del propio municipio, en la organización de las plataformas de distribución y los flujos vehiculares de acceso.

Además, el crecimiento de las ciudades ha creado áreas urbanas continuas que pasan de una jurisdicción municipal a otra sin solución de continuidad. Estas jurisdicciones pueden tener regulaciones no coincidentes, lo que multiplica la complejidad de las rutas de distribución entre varios municipios y favorece el desacato normativo, ya sea voluntario o involuntario por desconocimiento.

Disponer de una instancia metropolitana que facilite la coordinación entre autoridades y la armonización regulatoria entre jurisdicciones es altamente recomendable para mejorar la eficiencia y la seguridad jurídica de las empresas operadoras de distribución de última milla.

Mas allá de las regulaciones, la perspectiva metropolitana es importante también para la planificación del territorio. Por ejemplo, para definir dónde se habilitan zonas industriales y logísticas para desarrollar almacenes y plataformas de distribución, o cómo se conectan estas zonas con los grandes ejes de comunicación, incluyendo ferrocarriles, vías navegables, etc. En efecto, la expansión logística (*logistics sprawl*) es uno de los retos en muchas ciudades.

Cultura de silos

Las administraciones locales no tienen, a menudo, una visión holística de la logística urbana, sino que los diferentes departamentos actúan de manera sectorial, cada uno con sus prioridades y con escasa coordinación transversal. La tabla 3.2 ilustra los ámbitos de intervención y las prioridades habituales en diferentes departamentos.

La ciudadanía

Aunque las personas que viven en las ciudades producen, intercambian y consumen mercancías, buena parte de la ciudadanía tiene unos intereses y prioridades a menudo contradictorios. Veamos por qué:

- Como *personas consumidoras,* la ciudadanía prefiere una amplia oferta de productos disponibles, a buen precio y a cualquier hora del día o de la noche en que se precisen. Las estanterías de los supermercados vacías al principio de la pandemia por covid-19 fueron una alerta a la ciudadanía del carácter esencial de las cadenas de suministros.

- Como *responsables de empresas industriales o de servicios,* o como profesionales independientes quieren facilidades para que las empresas puedan trabajar libremente. Como personal de estas empresas, desean que se les ofrezca estabilidad laboral, buenas condiciones salariales y de horarios y, a poder ser, evitando trabajar de noche o en festivos.

- Como *vecindad* se quiere comercio de proximidad a la vuelta de la esquina, pero no ruidos ni camiones que realicen operaciones de carga y descarga al lado de casa. Se desea vivir en una ciudad tranquila, con amplias zonas verdes y sin contaminación. Cuando estas mismas personas están circulando con sus vehículos, sean automóviles o bicicletas, desearían restringir la circulación de camiones por razones de congestión o de seguridad.

Cabe decir que estas prioridades e intereses raramente se expresan de manera propositiva. Raramente la logística urbana es un tema que preocupe a la ciudadanía como para justificar un lugar destacado en los debates políticos o en los programas electorales. Estos temas solo aparecen de manera reactiva: «no molestan tanto los camiones de reparto en general como el camión que reparte en el establecimiento de debajo de mi casa».

¿Cómo acomodar las prioridades de todos los agentes?

Los intereses contradictorios de los diferentes agentes de la distribución urbana de mercancías convergen en los transportistas efectivos. Muy a menudo se trata de personas que han llegado a esta profesión más por falta de

Tabla 3.2. Ámbitos de intervención y prioridades habituales en diferentes
departamentos de una municipalidad

Departamento	Ámbito de actuación / Prioridades
Departamento de movilidad	• Regula la circulación viaria, el aparcamiento de vehículos y la carga y descarga, así como la señalización • Trata de aumentar la fluidez del tráfico, reducir la congestión y los accidentes • Normalmente es el más relevante respecto a la regulación de la logística urbana
Departamento de urbanismo	• Establece requerimientos a los nuevos establecimientos, como la capacidad de almacenamiento o zonas internas para carga y descarga, por ejemplo • Zonifica y da permisos para desarrollar zonas comerciales, industriales, logísticas, etc. que van a generar o atraer flujos de cargas • Su prioridad son los desarrollos urbanísticos harmoniosos y bien organizados que aseguren la calidad de vida
Departamento de medio ambiente	• Influye en los anteriores ámbitos imponiendo requerimientos ambientales de manera transversal • Su prioridad es reducir la contaminación y el ruido
Departamento de comercio y turismo	• Su objetivo es promover un comercio local dinámico y atractivo, atrayendo a clientela potencial de otros lugares. Igualmente con restaurantes y hoteles • Le interesa promover que la ciudadanía consuma localmente y no en otros municipios
Departamento de empleo y fomento económico	• Su prioridad es garantizar el empleo de calidad (reducir empleo informal o precario), especialmente de los colectivos más desfavorecidos • Considera el comercio y el transporte como sectores importantes en términos de creación de empleo para estos colectivos
Policía	• Su misión es garantizar el cumplimiento de las regulaciones de circulación y actividades • Normalmente cuenta con efectivos insuficientes • Debe ser pragmática ante conflictos y realidades a pie de calle que pueden estar reguladas de manera insuficiente, inadecuada o poco realista

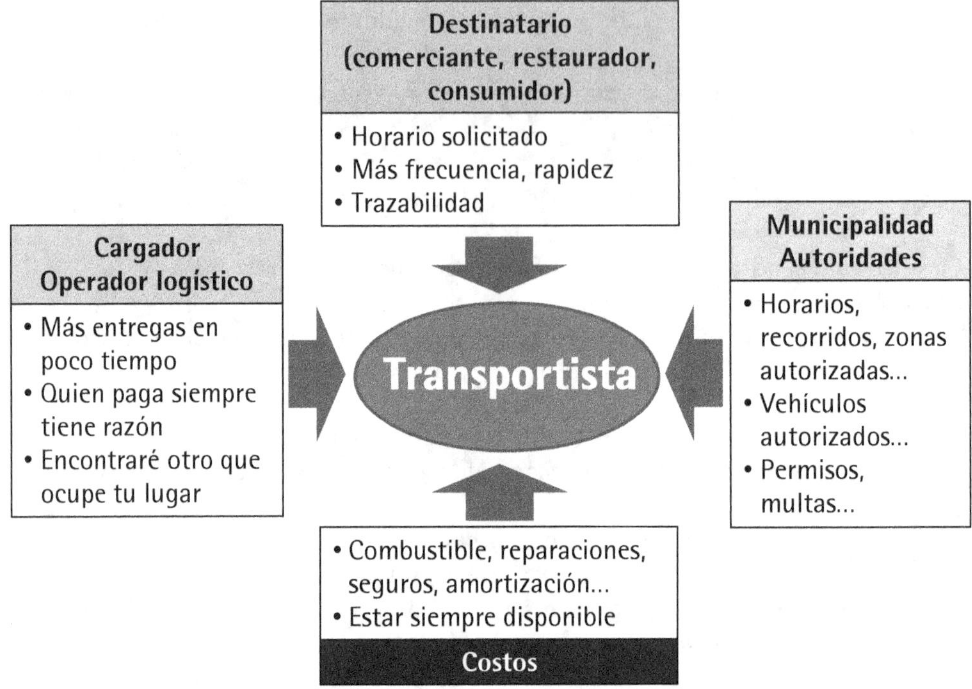

Figura 3.7. Exigencias sobre el transportista de última milla.

otras oportunidades profesionales que por vocación. Se trata de los agentes más débiles de las cadenas logísticas urbanas. Las exigencias a que se ven sometidos aparecen ilustradas en la figura 3.7.

Estas exigencias, a menudo contradictorias, solo se pueden acomodar mediante el conocimiento y la comprensión de las motivaciones de cada uno de los agentes, el diálogo y la concertación.

4

¿Hacia dónde se encamina la DUM?

Como se ha dicho al final del capítulo 2, la DUM es uno de los segmentos de la logística donde se han producido más cambios disruptivos en los últimos años, se siguen produciendo y se anticipan de nuevos. En este contexto parece arriesgado apuntar tendencias, pues lo que se diga ahora puede estar desfasado en muy poco tiempo. En todo caso nos aventuramos a identificar cinco tendencias de largo alcance:

- Evolución del comercio electrónico hacia la omnicanalidad.
- Sostenibilidad y descarbonización.
- Tecnología.
- Nuevos modelos de actividad económica.
- Relevancia del factor humano.

Evolución del comercio electrónico hacia la omnicanalidad

La pandemia por covid-19 aceleró aún más el crecimiento del comercio electrónico que se estaba produciendo de manera sostenida en los años anteriores. Aunque su final marcó una cierta desaceleración, el volumen de ventas sigue aumentando en la mayoría de mercados. Este auge del comercio electrónico implica:

- Multiplicar los envíos y, por lo tanto, los vehículos de mercancías circulando por la ciudad.
- Hacer que cualquier domicilio se convierte en un punto de entrega potencial. Es decir, la DUM se realiza en áreas residenciales no diseñadas para acoger de manera masiva este tipo de operaciones.

Las dos principales problemáticas son las entregas fallidas, cuando el destinatario está ausente, y las devoluciones. Ambas complican y encarecen la distribución de última milla. Se trata de la denominada *logística absurda* y que puede representar un porcentaje significativo del volumen de envíos. Otra característica asociada al comercio electrónico son los fuertes picos en algunos periodos del año como el viernes negro, el ciberlunes o *cyber monday*, la campaña de Navidad, etc., que presionan hasta casi el límite la capacidad de algunas zonas de las propias ciudades y la de las empresas operadoras.

Uno de los factores que ha facilitado la rápida aceptación social del comercio electrónico son los costos de transporte muy bajos e incluso nulos para quienes realizan las compras. Esto se consigue gracias al gran poder que las grandes plataformas de comercio electrónico ejercen sobre los operadores logísticos y de transporte que, para entrar en un negocio gigantesco, presionan sus costos hasta el límite y llegan incluso a trabajar con pérdidas. Esta presión se traslada, como siempre, sobre los agentes más débiles, los que están a pie de calle, que deben multiplicar el número de entregas para ganar casi lo mismo.

Figura 4.1. Punto de compra en línea y recogida en tienda.

Como respuesta al reto, tanto las plataformas de comercio electrónico «puro», como las cadenas de comercio físico hoy están ofreciendo un amplio abanico de opciones: venta por internet y recogida en la tienda, venta por internet y entrega a domicilio, venta en tienda y entrega a domicilio, prueba en tienda y compra en línea, etc. Es lo que se denomina *estrategia omnicanal,* que permite todas las combinaciones posibles entre la tienda física y la virtual. Incluso las plataformas de comercio electrónico «puras» están experimentando con establecimientos físicos.

Otra muestra de la omnicanalidad la encontramos en la entrega inmediata a domicilio: restaurantes que combinan la experiencia presencial de su oferta gastronómica con la venta en una aplicación y la distribución a domicilio.

Consideramos que esta tendencia hacia la omnicanalidad va a consolidarse en los próximos años porque aumenta la conveniencia para la persona consumidora, añadiéndole opciones y flexibilidad, contribuye a reducir los costos de la «logística absurda» para el vendedor y el operador, incentiva la visita al comercio físico y, por lo tanto, las oportunidades de venta de otros productos (venta cruzada) y facilita la componente experiencial con la compra de productos físicos.

Sostenibilidad y descarbonización

La sostenibilidad en la última milla pasa por dos ejes:

- Más eficiencia, es decir, mejor uso de la capacidad de carga de los vehículos, optimización de rutas, utilizar horas valle y con menos congestión, etc.
- Menos emisiones, es decir emitiendo menos y usando energías renovables.

El vector *eficiencia* se maneja puertas adentro de las empresas y está, en líneas generales, alineado con sus objetivos de rentabilidad. Este vector difícilmente puede ser regulado por las administraciones públicas, más allá de promover «buenas prácticas» y estimular cambios. Estas buenas prácticas pueden implicar iniciativas tan diversas como plataformas cooperativas para que las empresas compartan la capacidad de carga de los vehículos, *hubs* de distribución más próximos a los destinos finales, sistemas avanzados de planificación de rutas incorporando información del tráfico en tiempo real, etc.

El vector *emisiones* sí que está cada vez más regulado por las administraciones públicas. Las características técnicas que permiten la certificación de vehículos y su circulación en las vías públicas cada vez son más restrictivas por lo que respecta a emisiones. Por ejemplo, la normativa europea de emisiones ha ido reduciendo los límites de emisiones contaminantes autorizadas para vehículos industriales. Así, la norma Euro 1 (1994) permitía a los vehículos de carga ligeros, los habituales en la DUM, emitir hasta 6,9 g/km de CO (monóxido de carbono) y de 2,5 de MP (partículas en suspensión). La norma vigente en el momento de escribir este libro es la Euro 6 (2015) que permite un máximo de 0,74 g/km de CO y 0,005 de MP. Es decir, en poco más de veinte años las emisiones de CO autorizadas se

Figura 4.2. Furgón de pequeña paquetería eléctrico en un punto de carga urbano. Las furgonetas eléctricas son una opción más sostenible para la última milla.

han reducido por un factor de 9 y las de MP por un factor de 500. A estas restricciones de carácter general se le están añadiendo restricciones específicas en las ciudades con las zonas de bajas emisiones (ZBE) delimitadas en todo o una parte del territorio urbano.

Estas regulaciones no son específicas para el transporte de mercancías sino para cualquier vehículo con motor de combustión interna. La renovación de flotas en el transporte de mercancías se ve dificultada por las debilidades inherentes en el sector, como la atomización empresarial o la precariedad económica, lo que genera reticencias al cambio en algunos colectivos. También se ve dificultada por los cuellos de botella en el suministro de vehículos de eléctricos o electrificados (híbridos-eléctricos).

Tecnología

Las tecnologías están transformando de manera disruptiva modelos de negocio y organizaciones. Consideramos que hay tres campos donde van a ser especialmente relevantes las tecnologías para la última milla: los datos, la inteligencia artificial y la seguridad.

Datos

Hoy los volúmenes de datos teóricamente disponibles son enormes. Los puntos calientes de compras en línea, puntos de entrega de paquetería B2C, tiempos y rutas de reparto, etc., son informaciones muy útiles tanto para las empresas operadoras de última milla como para las autoridades reguladoras de esta. El problema es que para que los datos sean útiles para procesarlos, realizar análisis de datos y ejercicios predictivos, estos han de ser de calidad y no siempre lo son. Tampoco es evidente que los datos teóricamente disponibles sean en realidad utilizables, pues podemos encontrarnos con sistemas propietarios, falta de compatibilidad, cuestiones de privacidad, etc.

La minería de datos, su tratamiento y su gestión van a ser uno de los pilares de la transformación tecnológica de la última milla. Pero para esto se requiere una nueva cultura de cooperación entre todos los agentes para compartir datos.

Inteligencia artificial (IA)

La IA va a facilitar enormemente funciones predictivas y mejoras en la eficiencia de procedimientos, programación de rutas o comunicación con el cliente, entre otros aspectos. No solo va a ser útil para la empresa. También las administraciones públicas podrán sacar partido de ella para analizar y gestionar los flujos de tráfico, o el uso de las zonas de carga y descarga.

La inteligencia artificial deberá integrar de manera global y real la infinitud de variables que inciden en la última milla. Como hemos dicho en apartados anteriores, para el operador de última milla organizarse de puertas adentro es fácil, de puertas afuera hay muchas variables que inciden y que están fuera de su control.

Seguridad

Las cadenas de suministro son fundamentales para el funcionamiento de las ciudades. Hay cada vez más agentes compradores, vendedores y vehículos conectados, compartiendo millones de terabytes de datos. Y esto seguirá creciendo por los dos factores mencionados anteriormente. Se trata de datos valiosos para las empresas y apetecibles para competidores o jaqueadores. La operativa de vehículos autónomos y drones deberá estar blindada para que nadie no autorizado tome su control. La tecnología de cadenas de bloques favorece la seguridad, pero requiere un consumo de energía enorme.

La velocidad de computación aumenta y también son más rápidas las empresas en incorporar innovaciones que las administraciones. Esto añade riesgo de que unos y otros se sitúen en pantallas diferentes y que esto haga aún más difícil el diálogo constructivo entre ambos. Recordemos que la logística urbana se realiza en dos territorios. Uno, puertas adentro, donde la empresa es libre de organizarse como desee, incluidas las tecnologías que utilice. El otro territorio es el espacio público y aquí la empresa debe respetar reglas establecidas por las administraciones pú-

Cuadro 4.1.
¿El internet físico es el horizonte hacia donde se dirige la última milla?

La noción de «internet físico» *(physical internet)* la formuló Benoit Montreuil, catedrático de la Stewart School of Industrial and Systems Engineering, del Georgia Tech (Atlanta, EEUU), en 2011. El concepto pretende conseguir un sistema logístico global abierto que se base en una interconectividad física, digital y operacional a través de la encapsulación, definición de interfaces y diseño de protocolos de manera similar a como funciona internet. En efecto, cuando queremos enviar un mensaje a un destinatario a través de internet, los datos se descomponen en paquetes, se encapsulan utilizando el protocolo IP y se envían a la red. Nosotros no sabemos por qué conmutadores pasan, pero todos llegan al destino donde se desencapsulan y se vuelve a recuperar el mensaje para que el destina-

blicas y acomodar interfaces con muchos otros agentes que no siempre están en el sistema.

Nuevos modelos de actividad económica

Las tendencias descritas anteriormente: evolución del comercio electrónico, omnicanalidad, sostenibilidad, tecnología, etc. están impulsando nuevos modelos de organizar y operar la última milla. Si hablábamos al principio de una gran variedad de cadenas logísticas que conviven en las ciudades, cada una con

tario pueda interpretarlo. Los protocolos de red, direcciones IP, algoritmos de optimización, etc. garantizan que no se pierde ningún paquete y que su funcionamiento es óptimo.

En el caso del internet físico pasaría algo parecido, pero con mercancías. Estas se transportarían en contenedores modulares, normalizados e inteligentes de manera que cada unidad sea monitorizada de manera precisa. Estos contenedores tendrían distintas dimensiones para optimizar los envíos, pero los productos habría que diseñarlos para adaptarlos a este tipo de contenedores, de modo que obtengamos importantes ganancias en la optimización de espacios y en la mejora en la eficiencia. Innovaciones en la última milla como las microplataformas o *microhubs* estarían de alguna manera alineados con este modelo.

Implantar el internet físico supondría un cambio profundo en la organización de las cadenas logísticas, requeriría un enorme grado de cooperación y una inversión astronómica en recursos. Parece imposible. Pero el contenedor marítimo normalizado apareció solo en la década de 1960 y hoy prácticamente toda la mercancía —excepto graneles— viaja en ellos. ¿Puede ser el internet físico la próxima revolución logística? ∎

características operativas diferentes, hoy ya podemos hablar de gran variedad de maneras de operar cada una de estas diferentes cadenas logísticas. Si hace unos años una empresa operadora de paquetería básicamente operaba camionetas moviéndose por la ciudad, repartiendo paquetes a sus destinos finales, hoy la misma empresa de paquetería puede estar moviendo camionetas desde su base de operaciones, bicicletas desde *microhubs* urbanos, aprovechando los desplazamientos de terceras personas, ofreciendo la recogida del paquete en sus propios *hubs,* en comercios, en casillas automáticas de entrega *(locker),* etc., todo a la vez.

Cada vez hay más modelos diferentes de abordar la última milla adaptados a diferentes entornos urbanos, diferentes tipologías de clientes, de productos, de ecosistemas operativos. Operativas que parecían casi imposibles o que difícilmente aceptaría la clientela, han demostrado su viabilidad. Recordemos, por ejemplo, las supuestas reticencias a comprar productos frescos en línea. Hoy se entregan productos frescos en camioneta, en triciclos, o en casillas de autoservicio habilitadas para temperatura controlada.

Se pensaba que difícilmente funcionarían redes de servicios de entrega de paquetería de autoservicio o de puntos de entrega multicliente, pues cada empresa vendedora u operadora desearía mantener la trazabilidad y su imagen corporativa. Hoy las redes neutras de puntos de recogida son cada vez más habituales. Se pensaba que los *microhubs* difícilmente podrían funcionar para el segmento B2B y especialmente de productos frescos, y ya hay numerosas empresas ofreciéndolo.

Estamos ante un entorno que evoluciona constantemente y bulle de innovaciones. Aquello que parecía imposible ya no lo es. En todo caso, no todas las innovaciones van a funcionar. La escalabilidad de los proyectos innovadores y la rentabilidad a largo plazo sigue siendo un reto. El modelo de negocio a largo plazo de muchas empresas innovadoras de nueva creación se basa en crecer rápidamente con un fuerte apalancamiento bancario y acumulando pérdidas hasta desbancar a otras competidoras para quedarse con una posición dominante en el mercado. Esto no siempre funciona.

Figura 4.3. Microplataforma de última milla con pérgola protectora en la zona de transbordo, un pequeño almacén y área administrativa.

Como ejemplo, vale la pena observar como muchas plataformas de comercio electrónico rápido *(quick commerce)* que crecieron exponencialmente antes y durante la pandemia por covid-19, se han encontrado después con mercados que no crecían como se esperaba, con regulaciones que ponían en entredicho su modelo de negocio, con oposición vecinal a la apertura de puntos de distribución en el tejido urbano tipo «tienda oscura» *(dark store* o *dark kitchen),* con la competencia de otros operadores que también aspiran a una posición dominante y con alzas en los tipos de interés bancario que ponen en cuestión sus estrategias de crecimiento.

Finalmente, la capacidad regulatoria de las administraciones públicas está sistemáticamente desfasada respecto al ritmo de las innovaciones. Uno de los casos de esta situación ha sido la respuesta a las innovaciones respecto a una modalidad de economía colaborativa. El modelo contractual de plataformas basadas en esta modalidad ha sido cuestionada en algunos países por las condiciones de trabajo precarias, por su impacto negativo en la seguridad vial y por el riesgo de explotación laboral de personas socialmente desfavorecidas. Esto ha derivado en nuevas regulaciones nacionales o subnacionales, lo cual las ha obligado a reajustar su modelo de negocio, y quizás su viabilidad, o simplemente a abandonar el mercado. En definitiva, también el marco regulatorio está en mutación.

Relevancia del factor humano

Este factor puede parecer contraintuitivo respecto a lo dicho antes sobre más tecnología, pero no es así. En el momento de escribir este libro, uno de los principales problemas en el sector del transporte en prácticamente todo el mundo es la falta de personal conductor, no el exceso. Y la edad media de estas personas es muy elevada. Esto es así porque esta actividad profesional lleva aparejadas unas exigencias laborales y familiares cada vez menos atractivas para las nuevas generaciones. Además, no ha sido capaz de crear condiciones para atraer talento femenino. Ni la capacidad de producir vehículos autónomos, ni la agilidad de la sociedad y de las autoridades para aceptarlos y regularlos, ni los recursos necesarios para adaptar edificios e infraestructuras para ellos, permiten anticipar una sustitución masiva de personal conductor por bots en las próximas décadas.

Por otro lado, las condiciones laborales en los almacenes de algunas empresas o de algunas plataformas de entrega inmediata a domicilio están bajo el escrutinio social y administrativo, en un contexto en el cual cada vez más clientes están atentos a la reputación de una empresa. Por más robots que se instalen en un almacén, seguirán necesitándose personas para todo tipo de funciones, desde las más cualificadas a las menos.

Si la distribución de última milla ha de crecer como se anticipa, se necesitarán máquinas y personas. En muchos países la demografía va a la baja, las personas van a ser un recurso cada vez más escaso. Y las expectativas de la generación Z es diferente de los *baby-boomers* o de los *millenial.* La atracción y retención del talento será una prioridad para las empresas. Aventurar cómo serán las profesiones de la última milla en los próximos años es de alto riesgo. Algunas funciones de naturaleza creativa, de servicio y atención personalizada podrían ser sustituidas por máquinas o por la inteligencia artificial, pero no todas.

En el contexto descrito, las habilidades técnicas y relacionales de las personas serán cada vez más valoradas. Será tan importante la formación

Figura 4.4. El factor humano será más valorado ante los avances de la inteligencia artificial en la distribución de última milla.

como la flexibilidad para adecuarse a entornos tecnológicos y operativos cambiantes.

A pesar de las múltiples distopías tecnológicas, el factor humano será más importante, no menos. Porque, a fin de cuentas, en la última milla las personas consumidoras finales son quienes deciden y pagan. Y se trata de personas, no de avatares.

5

¿Cómo las ciudades organizan la logística urbana?

El espacio en las ciudades es finito y en él deben convivir multitud de usos diferentes. Como se ha dicho al iniciar el capítulo 2, muchas ciudades tienen su origen en el movimiento de mercancías. Que las autoridades regulen estos movimientos no es nada nuevo. En el año 45 antes de nuestra era, Julio César promulgó la *Lex Iulia Municipalis* que, entre otras normas, prohibía la circulación de carros con mercancías en Roma entre la salida del sol y media tarde, con algunas excepciones, entre ellas los materiales y los escombros relacionados con la construcción de templos. En la Edad Media, la entrada de personas y mercancías en las ciudades estaba grabada por gravámenes como el *portazgo*, lo que hoy llamaríamos «peaje urbano». Este tipo de gravámenes se trasladó de Europa a la América colonial. Asimismo, la compraventa de productos estaba escrupulosamente regulada por zonas, gremios, etc.

Muchas ciudades se diseñaron y construyeron con una movilidad basada en el desplazamiento a pie y los vehículos de tracción animal. Después se tuvieron que adaptar al ferrocarril y más tarde a los automóviles. Hoy estas ciudades diseñadas con parámetros de otras épocas deben buscar la convivencia de automóviles, camiones, autobuses, tranvías, bicicletas, patinetes y peatones.

En la medida en que las mercancías no son una prioridad ciudadana ni política, una opción es no hacer nada, es decir no regular algo que aparentemente ya funciona. Algunos sectores empresariales verían con buenos ojos esta opción. Y esta es la realidad *de facto* en muchas ciudades.

En el extremo opuesto encontramos un enfoque restrictivo de la movilidad de cargas desde una visión que la percibe solo como un estorbo que hay que minimizar, sin tener en cuenta su carácter esencial para la vida y la economía de las ciudades. Este enfoque también es una realidad en otras muchas ciudades y simplemente lleva al desacato normativo generalizado, pues lo que es imposible no se puede cumplir. El autor visitó una ciudad donde la carga y descarga en la calle estaba teóricamente prohibida excepto de noche, y lo que pudo observar es que se continuaba haciendo mayoritariamente de día en los horarios habituales. En otra ciudad que visitó se exigía que la carga y descarga se hiciera en el interior de los locales, pero como la mayoría de establecimientos no tenían espacio suficiente, esta se seguía haciendo mayoritariamente en la calle.

Cuando al autor de este libro le preguntan cómo se soluciona la logística urbana en una ciudad, siempre responde que no hay solución. No la hay porque solo los problemas tienen solución y la logística urbana no es un problema, es una *realidad.* Las realidades se manejan, no se solucionan. Y se manejan con sentido común, equilibrando cargas y beneficios entre todos los intervinientes y aspirando a un proceso gradual de mejora continua.

Para manejar la logística urbana, las autoridades tienen cuatro tipos de herramientas: planificar, regular, dotarse de infraestructuras adecuadas y la gobernanza y cooperación público-privada. Describiremos a continuación elementos y ejemplos de estos cinco tipos de herramientas.

Planificación

Planificar implica diagnosticar, establecer objetivos, proponer medidas para alcanzarlos, compartir diagnósticos, objetivos y medidas con los agentes *(stakeholders)* relevantes, asignar recursos y entes responsables para implementar dichas medidas, y definir los indicadores que permitan monitorizar si se avanza en la dirección deseada.

Los dos enfoques de la planificación que inciden de manera más importante en la logística urbana son la planificación del territorio y la planificación de la movilidad.

Figura 5.1. La principal consecuencia de un crecimiento logístico sin planificar es una vialidad colapsada y peligrosa.

Planificación del territorio

La planificación del territorio tiene diferentes denominaciones en función de los países: planes de ordenación urbana, planes de ordenación y usos del suelo, planes de urbanismo, planes de zonificación, etc. En ellos se definen qué usos y actividades son aceptables en diferentes espacios de la ciudad, cuál es el tejido viario propuesto y dónde se instalarán infraestructuras como terminales ferroviarias, portuarias, mercados de abastos y otros nodos logísticos. Por tanto, estos planes definen dónde se pueden ubicar las actividades con mayor potencial de generación y atracción de cargas, y a través de qué vías van a circular estas cargas.

Las normas de usos de suelo también pueden determinar aspectos como la obligatoriedad de disponer de zonas internas para carga y descarga en determinados establecimientos (por ejemplo, supermercados, grandes establecimientos comerciales, centros comerciales, centros de ocio, hospitales y edificios de oficinas, entre otros).

Muchos de estos instrumentos de planificación adolecen de dos debilidades. Una es el escaso conocimiento de la realidad operativa de la logística urbana por parte de sus autores, normalmente profesionales de la arquitectura y el urbanismo. La segunda es la ausencia de una perspectiva metropolitana derivada de que normalmente la jurisdicción competente para aprobar los planes de ordenación urbana son las municipalidades, por lo que raramente existen planes urbanísticos de escala supramunicipal o metropolitana.

En algunos países la planificación urbanística puede ser superficial o su cumplimiento poco riguroso. Muchas ciudades de América Latina cuentan con barrios que han crecido sin planificación alguna. En otros casos la ciudad central sí que cuenta con una planificación urbanística pero la periferia no. La falta de planificación con una perspectiva logística puede comportar:

- La implantación desordenada de almacenes y plataformas de distribución, incluso en emplazamientos poco apropiados o mal comunicados.

- La congestión y el estrangulamiento de las arterias clave para la movilidad de cargas, o una vialidad inapropiada que no optimiza los desplazamientos.
- La falta de previsión para el crecimiento de usos industriales y logísticos que derivan en su estrangulamiento.

Hay algunos ejemplos de planificación logística de alcance metropolitano interesantes, como es el caso de Medellín (Colombia) o de Córdoba (Argentina). Se trata de documentos con orientación estratégica más que normativa, pero aun así son contribuciones interesantes.

Planificación de la movilidad

La planificación de la movilidad establece cómo se propone que se desplacen por la ciudad tanto personas como mercancías. Esto tiene consecuencias en aspectos como modificaciones en los viales, incluyendo zonas peatonales, regulaciones sobre la circulación, inversiones en infraestructuras de movilidad, incentivos al uso de determinados tipos de vehículos, etc.

Cada vez más los planes de movilidad ponen el énfasis en la descarbonización del transporte. Habitualmente los planes de movilidad prestan muchísima más atención a la movilidad de personas que a la de mercancías. El plan de movilidad 2013-2018 de una importante ciudad europea tenía 488 páginas de las cuales solo veinte dedicadas a las mercancías. El plan posterior supuso un avance, y del total de 195 páginas había quince dedicadas a mercancías.

Esto es debido a factores ya descritos, como la falta de prioridad política, del conocimiento sobre la materia y de los datos disponibles. Y, de manera similar a lo que pasa con la planificación del territorio, la perspectiva supramunicipal o metropolitana está normalmente ausente.

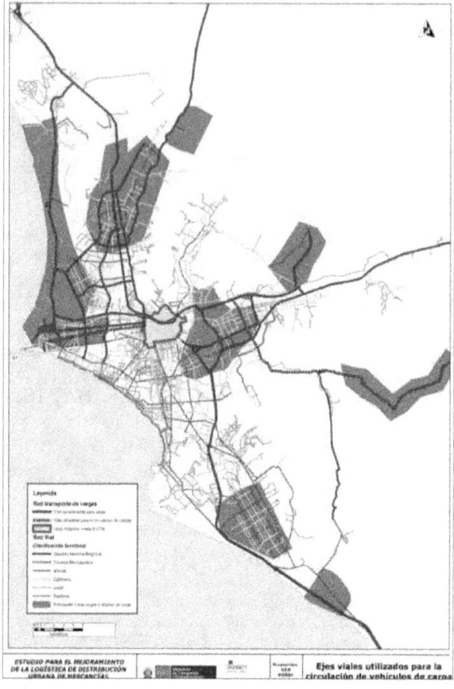

Figura 5.2. Dos ejemplos de planificación de la movilidad. Arriba, Lima (Perú) y, abajo, Bogotá (Colombia).

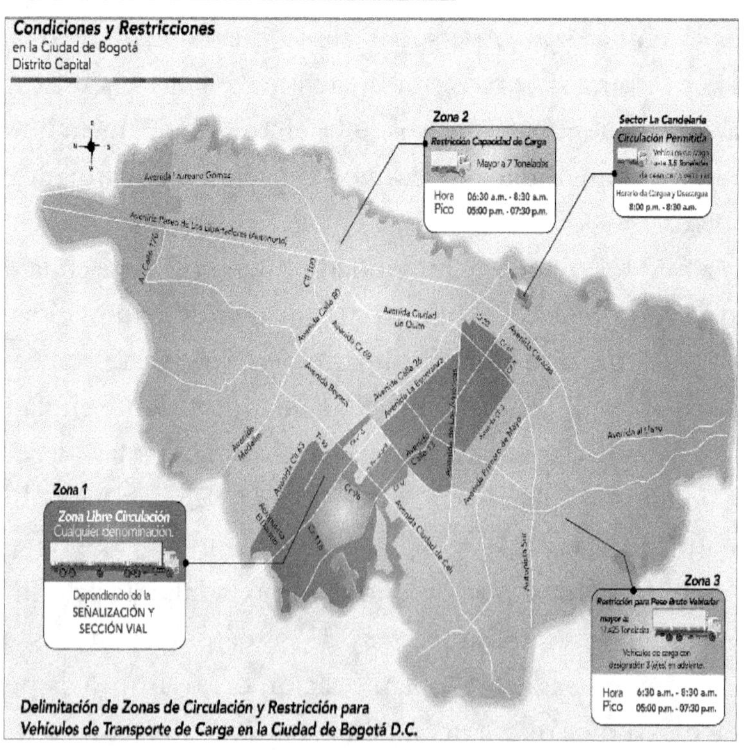

Figura 5.3. Acceso al puerto de Montevideo (Uruguay), adyacente al centro histórico.

Sería deseable que los planes de movilidad urbana prestasen a las mercancías la atención que merece su contribución tanto a los problemas de movilidad como a su función sistémica para el funcionamiento del ecosistema urbano. Más allá de esto, debido a sus especificidades, cada vez más ciudades desarrollan planes específicos para abordar los retos planteados por la logística urbana. Asimismo, diversas organizaciones internacionales lo están recomendando[1].

La planificación en las ciudades portuarias

La planificación en las ciudades portuarias merece una atención especial por su especificidad y por los importantes flujos de mercancías genera-

---

[1] Véase, por ejemplo el Programa LOGUS de Logística Urbana Sostenible y Segura desarrollado por CAF – Banco de Desarrollo de América Latina y el Caribe en https://scioteca.caf.com/handle/123456789/1510.

dos. Muchas ciudades nacieron y crecieron alrededor de un puerto que ha quedado progresivamente estrangulado por el crecimiento urbano. Esto provoca numerosos problemas como tráfico intenso de camiones atravesando el centro urbano, contaminación y riesgos para la salud, especialmente si en el puerto tratan materiales que generan micropartículas o alérgenos como cementos, áridos, cereales o soja, riesgos industriales cuando existen petroquímicas u otras industrias contaminantes y degradación de las zonas industriales de interfaz entre la ciudad y el puerto.

Un puerto rodeado por la ciudad no tiene posibilidades de crecer, ni de atraer polos logísticos e industriales sinérgicos con la actividad portuaria. Por otro lado, este tipo de enclave pierde competitividad por los costos adicionales de mover las mercancías por tierra desde y hacia el puerto, la congestión en los accesos y en las zonas de despacho aduanero y portuario, infraestructuras obsoletas, etc.

Para complicar más las cosas, normalmente los puertos son gobernados por entidades independientes a la ciudad y sus prioridades pueden ser no coincidentes con las de la municipalidad. Esto se da incluso en los casos en los que la municipalidad forma parte del órgano de gobierno del puerto. Además, el peso económico del puerto puede ser casi tan importante como el de la urbe.

Para manejar y reconducir estas situaciones se requieren operaciones de gran escala, implicando, ciudad, puerto y a menudo gobiernos superiores e inversión privada. Estas operaciones suelen implicar uno o ambos de los siguientes elementos:

- **Crear un acceso específico al puerto que minimice el impacto de los camiones en la ciudad.** Puede ser viario, pero también ferrocarril o por vía fluvial. La mayoría de grandes ciudades portuarias en Europa han implementado este tipo de acciones en más o menos medida, por ejemplo, Róterdam (Países Bajos), Amberes (Bélgica) o Hambur-

Figura 5.4. Puerto de Amberes, donde se han recuperado
antiguos muelles para usos urbanos.

go (Alemania). En cambio, este es un problema no bien resuelto en
la mayoría de grandes ciudades portuarias de América Latina, como
El Callao (Perú), Buenaventura (Colombia), Montevideo (Uruguay) o
Veracruz (México), entre otras.

- **Alejar la actividad portuaria del centro de la ciudad.** En muchos
puertos el desplazamiento de las actividades portuarias e industriales

Figura 5.5. Puerto de Mucuripe, adyacente a la zona turística litoral de la ciudad brasileña de Fortaleza.

a emplazamientos más lejanos ha permitido transformar los terrenos liberados para nuevas centralidades urbanas con usos terciarios, comerciales, culturales y cívicos. Algunos de los ejemplos de esta estrategia son Buenos Aires y su Puerto Madero, Génova y el Porto Antico, Amberes y Eilanje, Hamburgo y Hafen City, Róterdam y Kop van Zuid, Stadshavens, Barcelona y el Port Vell o Ciudad del Cabo con el VA Waterfront.

A menudo esta acción implica un nuevo puerto en otra ubicación o la segregación de las actividades portuarias en dos recintos. Esto ha sucedido con el nuevo puerto de Marsella en Fos-sur-Mer (Francia) o con el puerto de Pecém complementario al de Mucuripe en Fortaleza (Brasil).

La planificación en las ciudades turísticas

Las ciudades turísticas presentan también determinadas particularidades en lo que respecta a la logística urbana.

- **Fuerte estacionalidad.** Los flujos logísticos pueden multiplicarse en la temporada alta respecto a la temporada baja. Esto constituye un problema para las empresas transportistas y de operaciones logísticas que pueden requerir mucha contratación temporal (y, por lo tanto, personal potencialmente menos cualificado), y tener los equipos y la superficie logística inactivos durante un periodo del año, lo que incide en costos más elevados.

- **Fuerte peso del canal horeca.** Una parte significativamente alta de los flujos logísticos serán alimentos y bebidas destinadas a establecimientos hoteleros, restaurantes y bares, que normalmente requieren más tiempo para las operaciones de carga y descarga.

- **Alta concentración de establecimientos hoteleros y de restauración en espacios reducidos.** Las ciudades turísticas tienen normalmente unos focos principales de atracción de visitantes, en los que se produce una altísima concentración de establecimientos, e incluso de ocupación privada del espacio público urbano, lo que supone también una elevada densidad de distribuidores en poco espacio.

- **Variabilidad de los horarios.** Mientras las ciudades con menor afluencia de visitantes tienen actividad mínima los domingos y festivos, en las turísticas puede suceder lo contrario. Por ello, los comercios y los restaurantes de estas últimas pueden requerir frecuencias y horarios diferentes.

- **Preservación de los atributos del lugar.** En los muchos lugares dedicados al turismo, los visitantes pueden buscar descanso, paisajes, naturaleza, historia, belleza, etc. Ello puede implicar que, para preservar estos atributos, los requerimientos para las operaciones de la distribución urbana de mercancías sean más estrictos que en otros lugares.

Figura 5.6. El canal horeca representa un alto porcentaje del flujo logístico en una ciudad con gran actividad turística. En ocasiones, la ubicación de las zonas habilitadas para la carga y descarga no facilita la labor.

Regulaciones

El segundo ámbito de intervención de las autoridades es en el de la regulación, es decir, en establecer las condiciones para las operaciones de logística urbana. El marco mental de muchas autoridades regulatorias se reduce a la «restricción», es decir, a poner barreras. Sería deseable que estas autoridades, conscientes del carácter esencial de la logística urbana para la economía y el metabolismo de las ciudades evolucionaran hacia un marco mental basado en la habilitación de las condiciones para que la actividad pueda desarrollarse con el menor impacto posible.

Otro elemento altamente recomendable es la consistencia y la seguridad jurídica de las regulaciones. La cultura de silos mencionada en el capítulo 3 deriva en que reglamentaciones de diferentes departamentos sean inconsistentes entre sí. Esta inconsistencia se multiplica cuando diversas jurisdicciones en una aglomeración metropolitana no harmonizan sus regulaciones. Otra fuente de inconsistencias es la superposición de normativas a lo largo del tiempo sin textos refundidos.

Finalmente, si las normativas no se redactan y se ponen a disposición de las empresas operadoras de manera clara y comprensible, se convierten en un galimatías incomprensible que solo genera desacato normativo, inseguridad jurídica y riesgo de prácticas corruptas.

Los principales ámbitos en los que la logística urbana está regulada son los siguientes:

- Condiciones para la circulación de vehículos de transporte de mercancías por la ciudad.
- Regulaciones sobre el estacionamiento de vehículos de transporte de mercancías.
- Regulaciones sobre la carga y descarga.
- Regulaciones sobre los horarios.
- Regulaciones ambientales.

Cuadro 5.1.
Algunas respuestas a los retos de puertos urbanos

Los Ángeles

En Estados Unidos es bien conocido el ejemplo del Alameda Corridor. Se trata de un corredor ferroviario de carga de 30 km que conecta los puertos de Los Ángeles y Long Beach, con terminales ferroviarias interiores que permiten la distribución posterior de los contendores por todo el país. El corredor ha permitido evitar más de 200 cruces ferroviarios a nivel con otras vías. La línea gestiona entre 50 y 60 movimientos de trenes diarios y transporta entre cuatro y cinco millones de contenedores marítimos, descongestionando las vías urbanas de la ciudad californiana.

Valparaíso

En América Latina es reseñable el ejemplo de Valparaíso en Chile. La ZEAL (Zona de Extensión de Apoyo Logístico) es una plataforma de control y coordinación logística situada en las afueras de la ciudad, a 11 km del puerto, donde se pueden realizar los despachos aduaneros y portuarios. Desde allí, una carretera dedicada a través de un túnel bajo el núcleo urbano de la ciudad da acceso directo al puerto. La ZEAL cuenta con 45 ha y ofrece espacios para albergar otras actividades logísticas y de valor agregado.

Róterdam

El caso de Róterdam es interesante por combinar las dos estrategias. Se trata del primer puerto de Europa por volumen y está situado en el estuario del río Mosa extendiéndose a lo largo de 42 km entre el centro urbano y el mar. Las nuevas terminales fueron construyéndose progresivamente cada vez más lejos, hasta el nuevo puerto en Maasvlakte, que se levantó en

Figura 5.7. Arriba, la ZEAL ha permitido trasladar todo el flujo de camiones desde el centro de Valparaíso hacia su acceso sur, con la consecuente reducción de contaminación y un mejor reordenamiento vial de la ciudad. Abajo, el puerto de Róterdam, donde los antiguos muelles han sido reconvertidos para otros usos, al tiempo que las mercancías no atraviesan la ciudad.

(Continúa en página siguiente.)

(Continuación de página anterior.)

terrenos ganados al mar. Los antiguos terrenos portuarios más próximos a la ciudad se han transformado a usos de oficinas, educativos e industrias tecnológicas y verdes.

Como se comprende, si el recinto portuario crece y se va extendiendo a lo largo del estuario en dirección hacia el mar, los flujos portuarios también crecen y cada vez deben recorrer más kilómetros. Para evitar que estos flujos crecientes de mercancías impactaran en la red urbana y metropolitana, el puerto ha promovido activamente que se realicen por ferrocarril y por barcaza, y que se conecten con plataformas logísticas en el *hinterland* portuario. Gracias a esta estrategia Róterdam ha conseguido que casi el 50% de sus flujos se encaminen o bien por ferrocarril o por vías navegables interiores. ■

El alcance y los contenidos más relevantes de estos ámbitos son los que se presentan en los apartados siguientes.

Condiciones para la circulación de vehículos de transporte de mercancías

En la mayoría de ciudades existen limitaciones para la circulación de camiones con el objetivo de evitar molestias, como ruido o contaminación en las zonas más sensibles, así como el paso de estos vehículos por vías inapropiadas o con capacidad insuficiente. En algunas ciudades se pretende evitar que los camiones de gran tonelaje y con recorridos de larga distancia atraviesen la ciudad, de modo que utilicen vías de circunvalación alternativas. Y finalmente está la seguridad: los camiones de gran tonelaje están relacionados con los accidentes más graves.

Figura 5.8. Ejemplo de cultura de silos en la planificación de la logística urbana:
el departamento de movilidad señala zona de carga y descarga...
y el departamento de limpieza ubica contenedores.

Debido a que estas restricciones pueden impactar de manera sustancial sobre algunas actividades industriales y comerciales de gran volumen, es importante que se establezcan a partir de estudios de tráfico que identifiquen los principales flujos de transporte de mercancías, los corredores que utilizan, la jerarquía viaria y las zonas que concentran nodos logísticos. También debe garantizarse que las zonas logísticas y las áreas industriales existentes pueden ser accesibles con los vehículos de carga. Las reglas deben ser realistas y no penalizar innecesariamente la actividad económica instalada. Estas reglas pueden adoptar las siguientes modalidades:

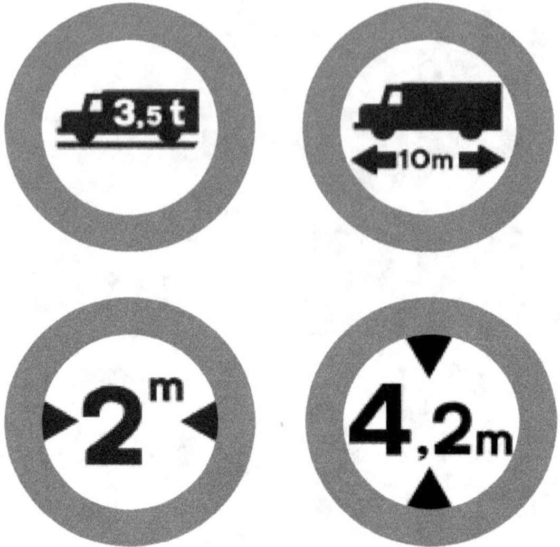

Figura 5.9. Señales indicadoras de restricciones al tráfico de camiones.

- Limitaciones genéricas de circulación en determinadas zonas.
- Creación de corredores específicos para vehículos pesados.
- Establecimiento de ventanas temporales de autorización o restricción como, por ejemplo, prohibición de circulación en horas punta para evitar congestiones de tráfico, o en horario nocturno para evitar ruidos.

A la hora de establecer este tipo de normativas las autoridades deberían tener en cuenta que, si bien los camiones de mayor tamaño pueden generar mayores impactos en seguridad vial o en la congestión viaria, pueden en cambio ser más eficientes desde el punto de vista ambiental y de ocupación de espacio vial. Una furgoneta de 3,5 t genera tres veces más CO_2 por kilogramo transportado que un camión mediano de 18 t. Un camión de 18 t ocupa 12 m de vial y puede transportar unas 10 t de carga útil. Para transportar un volumen equivalente se necesitarían como mínimo seis furgonetas de 3,5 t que ocuparían más del doble de longitud de vial, sin contar la separación entre ellas.

Los criterios para segmentar los tipos de vehículos autorizados normalmente derivan de las clasificaciones nacionales sobre pesos y dimensiones máximas de los vehículos. En Europa, los vehículos ligeros son aquellos con un peso máximo autorizado (PMA) de 3,5 t y una longitud de hasta 5 m. Los camiones ligeros de mediano porte acostumbran a tener un PMA en torno a las 18-20 t, una longitud en torno a los 12 m y un máximo de tres ejes. A partir de ahí entraríamos en los camiones pesados. Estos límites pueden tener variaciones en países de América Latina.

Muy a menudo el criterio utilizado para definir la tipología de vehículos autorizados es el PMA, que normalmente aparece especificado en el exte-

Figura 5.10. Problema en el acceso de un camión de reparto en un casco antiguo.

rior de los camiones. Sin embargo, hay que tener en cuenta que camiones con dimensiones similares pueden tener PMA muy diferentes. Así, por ejemplo, los camiones de distribución de bebidas, muy habituales en la DUM, pueden tener un PMA muy alto y no necesariamente grandes dimensiones.

Una alternativa, recomendable en los centros históricos con calles estrechas, es que el criterio sea la longitud o la anchura de los vehículos, no el PMA. En algunas ciudades francesas se utiliza como criterio la superficie que ocupa el vehículo (longitud × anchura), lo cual es un indicador directo de cuánto espacio público ocupa el vehículo, pero no siempre es fácil de determinar. Un criterio alternativo y fácil de identificar a simple vista es el del número de ejes para distinguir los camiones de pequeño porte de los de gran tonelaje.

Condiciones sobre el estacionamiento de vehículos de carga

De manera paralela y por razones similares a las restricciones de circulación, en general, las ciudades limitan el estacionamiento de camiones en las vías urbanas, especialmente los de gran tonelaje. El criterio más común es que deberían estacionarse en las instalaciones de las empresas. Sin embargo, esto no siempre es posible, especialmente en el caso de que se trate de transportistas independientes, o de los camiones en tránsito o no residentes.

Por ello, estas restricciones deberían ir acompañadas de respuestas a las necesidades de estacionamiento, tanto para las empresas transportistas locales como para los vehículos que están en tránsito. En este sentido, es recomendable que las ciudades prevean zonas reguladas para el estacionamiento en las inmediaciones de la ciudad, particularmente en zonas industriales que pueden ser puntos habituales de carga o descarga de mercancías.

Condiciones sobre la carga y descarga

La carga y descarga son operaciones logísticas que incluyen el traslado de mercancías entre el vehículo de transporte y el punto de entrega o de recogida. Estas operaciones no solo comportan flujos de bienes (las mercancías), sino también de información (confirmación de la recepción, conformidad o no con el envío y anotación de nuevos pedidos, entre otras) y, a menudo, también intercambios económicos (pagos o abonos). En algunos casos pueden implicar otras actividades, como montaje, posicionamiento de la mercancía en los lugares indicados por la empresa receptora (estanterías, cajas o lineales de supermercados) y recogida de envases y productos

Figura 5.11. Las zonas de carga y descarga deben tener en cuenta el diferente tamaño de los vehículos.

Figura 5.12. Zona de carga y descarga interna en la fachada posterior de un supermercado, pero aun así –a falta de capacidad y algo de coordinación– los camiones esperan en la calle.

defectuosos o caducados (logística inversa). Se trata de operaciones que pueden durar desde unos pocos minutos (como paquetería o *delivery*), hasta largos periodos (por ejemplo, horeca, supermercados, descarga y montaje de muebles y electrodomésticos, etc.).

Las operaciones de carga y descarga se pueden desarrollar en la vía pública o en el interior de las instalaciones del establecimiento donde se realiza la entrega. Las operaciones en espacios internos es la opción más deseable desde el punto de vista urbano, especialmente cuando provoquen importantes distorsiones en la vía pública por su frecuencia, tiempo requerido para llevarlas a cabo u otras circunstancias, por ejemplo, el uso de carretillas mecánicas. No obstante, esto solo es posible en establecimientos grandes, o en complejos que agrupan varios establecimientos como los grandes centros comerciales.

Muchos planes de urbanismo determinan que los establecimientos comerciales de grandes dimensiones dispongan de zonas internas para la carga y descarga. Sin embargo, no existen criterios homogéneos que especifiquen a partir de qué superficie se ha de disponer de estas zonas, ni su dimensionamiento. En todo caso, parece razonable que los establecimientos deberían disponer como mínimo de una zona interna para estas operaciones a partir de 1.000 m² de superficie comercial.

Las zonas de carga y descarga

Cuando existen en la vía pública, pueden ser zonas «dedicadas» o «libres». Las primeras solo pueden ser usadas para servir a un establecimiento que ha obtenido de la municipalidad una reserva de espacio en la calzada, enfrente o en un lugar cercano. Las zonas libres son espacios de la calzada reservados para la carga y descarga, abiertos a cualquier establecimiento y a cualquier empresa transportista. Normalmente, las autoridades establecen normas para el uso de estas zonas, como horarios específicos o un tiempo máximo de estancia.

En la mayoría de ciudades europeas las zonas libres son muy habituales. La situación en América Latina es muy variable, pero, en general, el concepto está menos implantado. Así, mientras que en la ciudad de Barcelona existen unas 10.000 plazas para operaciones de carga y descarga en la vía pública, en Buenos Aires existen unos 1.900 «cajones azules» y en Guadalajara (México) unas 300. En cambio, en Ciudad de México o en Bogotá son prácticamente inexistentes.

Las zonas de carga y descarga suponen un avance para organizar esta actividad en las ciudades. Sin ellas las operaciones se producen normalmente ocupando un carril de la vía delante del establecimiento a servir e interrumpiendo el paso de la circulación. En la mayor parte de ciudades es habitual escuchar una misma queja del personal conductor: insuficiente número de zonas de carga y descarga. Se dice que en Nueva York los transportistas prefieren acumular miles de dólares en multas cada mes antes que perder tiempo de reparto buscando espacios disponibles.

Esta queja pone el foco en tres cuestiones clave:

- **El reparto del espacio vial.** Cómo se reparte ese espacio adyacente a las aceras entre usos en competencia, como son el estacionamiento, de pago o no, las reservas para personas con movilidad reducida o para servicios administrativos u oficiales, los carriles de circulación, carriles bus, ciclovías, etc. Muy a menudo la carga y descarga queda relegada detrás de los usos anteriores de manera poco justificada en algunos casos.

- **El uso indebido de las zonas de carga y descarga,** ya sea por vehículos que no son de transporte, o por exceso del tiempo autorizado. Aquí es clave una fiscalización efectiva.

- **Los picos de la actividad DUM.** La demanda en las zonas de carga y descarga es muy intensa en horario matutino y normalmente menor por las tardes. Aplanar los picos de la DUM mejoraría la disponibilidad de estas zonas a lo largo del día.

Identificar las necesidades de carga y descarga, ya sea en el interior de un recinto comercial o en la vía publica, es absolutamente relevante para asegurar una capacidad suficiente. Para determinarlo se requiere conocimiento del número y tipo de operaciones que requieren los establecimientos que van a ser servidos desde esa zona. El tiempo de entrega depende fundamentalmente del tamaño y peso (entregas de menor volumen y peso son más rápidas), el punto donde se realice la libranza (ya sea en un mostrador de entrada o en un almacén en sótano, etc.), si se realiza logística

Tabla 5.1. Número de entregas y tiempo requerido

Tipo de entrega	Frecuencia de entregas diarias*	Tiempo en cada entrega
B2B Farmacias	Muy alta	Bajo (menos de 10 min)
B2B Restaurantes y bares	Alta	Medio-alto (20-30 min)
B2C Entrega en punto de conveniencia	Alta	Bajo (menos de 10 min)
B2B Comercios de alimentación	Media – Alta	Medio (10-20 min)
B2B Comercio de ropa y aparejo de hogar	Media	Medio (10-20 min)
B2B Comercio de electrodomésticos o muebles	Baja	Medio-alto (20-30 min)
B2C Entrega en domicilio	Baja	Bajo (menos de 10 min)

* Muy alta = más de cuatro entregas. Alta = entre dos y cuatro. Media = entre una y dos. Baja = menos de una entrega.

inversa o no (por ejemplo, recogida de envases), o si se realizan otras actividades al margen del movimiento físico de mercancías (cobro en efectivo, montaje / puesta en marcha, actividades promocionales, encuestas de satisfacción, etc.).

Algunas orientaciones sobre el número de entregas y el tiempo necesario para realizarlas se describen en la tabla 5.1.

El diseño de las zonas de carga y descarga en la vía pública

A continuación, se indican algunas recomendaciones sobre el diseño y la regulación de las zonas de carga y descarga en la vía pública. Esta lista es un desiderátum de óptimos. En la práctica no todas las recomendaciones son posibles y, en estos casos, deberá imperar el sentido común para encontrar el equilibrio entre las variables de seguridad, movilidad, operatividad e impacto respecto a otros usos.

- Preferiblemente, se deben ubicar junto a aceras de más de dos metros de ancho para permitir una adecuada manipulación y movimiento de las cargas sin riesgo para peatones (véase la figura 5.14).
- Es recomendable que se localicen a menos de 50 m de los puntos de entrega.
- Evitar que las personas que realizan las operaciones tengan que atravesar la calzada o ciclovías para desplazarse a los establecimientos.
- Deben localizarse después de pasos de peatones o paradas de bus, según el sentido de la marcha, para evitar la barrera visual que suponen los camiones estacionados. Y por la misma razón, una vez superadas las intersecciones o vados con salida frecuente de vehículos. Asimis-

Figura 5.13. Buena práctica en zona de carga y descarga adyacente a una rampa.

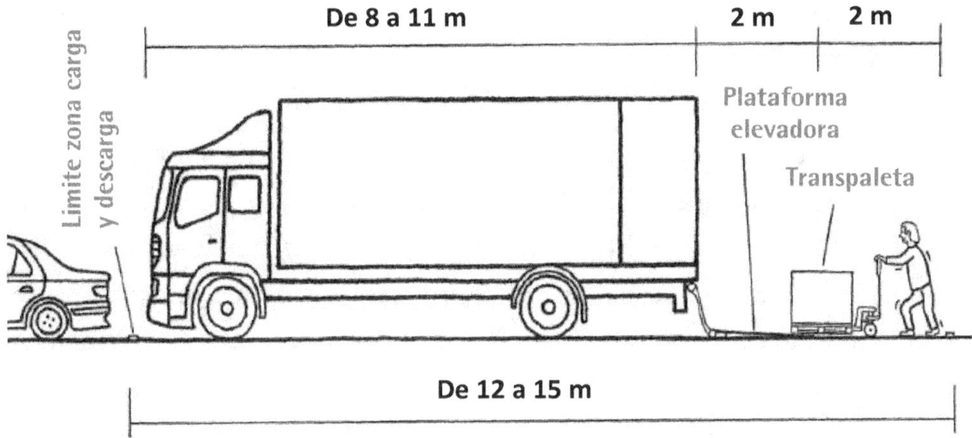

Figura 5.14. Diseño de una zona de carga y descarga
y sus dimensiones orientativas.

mo, se debe velar para que los camiones aparcados no oculten la visibilidad de semáforos o señales de tráfico.

- Es recomendable que cerca de las zonas de carga y descarga haya una rampa análoga a los vados o a las aceras rebajadas para facilitar que las carretillas que transportan las mercancías puedan superar sin problema los bordillos de las aceras.

- Es deseable que entre las zonas de carga y descarga y los establecimientos exista el mínimo posible de barreras en las aceras, tipo veladores, casetas de servicios, arbolado y mobiliario urbano, etc. También es recomendable confirmar las capacidades de carga en aceras y tapas de registro. Asimismo es recomendable que el pavimento de las aceras no genere ruido al paso de carretillas para evitar molestias en caso de operaciones nocturnas.

- Es deseable que las zonas de carga y descarga estén en tramos de vial lo más horizontales posible para evitar desplazamientos de la carga y riesgos para la seguridad de las mercancías y las personas en las operaciones.

- No se deben ubicar zonas de carga y descarga antes y después de cambios de rasante ni de curvas, y se deben evitar en viales en curva.

Las zonas de carga y descarga han de tener unas dimensiones suficientes para acoger las operativas de los vehículos de transporte más probables en la zona donde se implantan. En este sentido, su longitud y anchura debe tener en cuenta no solo las dimensiones de los vehículos, sino también las puertas y plataformas elevadoras traseras que tienen muchos camiones, espacio para operar con transpaletas en su caso, o espacio para la apertura de puertas laterales. Así, es recomendable una longitud mínima de 10-12 m si predomina el pequeño comercio (abastecidos por vehículos más pequeños) y de 12-15 m si se trata de supermercados o grandes superficies. La anchura mínima debería ser 2,5 m.

La gestión de las zonas de carga y descarga

En la gestión por parte de las administraciones públicas de las zonas de carga y descarga se plantean cuatro cuestiones principales: horarios, personas autorizadas, limitación de tiempo y fiscalización.

- **El horario.** En muchas ciudades, las zonas de carga y descarga están reservadas para este uso durante una parte del día y pueden utilizarse para otros usos como, por ejemplo, aparcamiento, en el resto. En otros casos, su uso está reservado durante las 24 horas del día. En áreas muy congestionadas y con escasez de plazas, es recomendable que el horario destinado para las operaciones en estas zonas sea lo más extenso posible.

- **Las personas usuarias autorizadas.** Además de los vehículos de transporte de mercancías, en la ciudad circulan numerosos vehículos comerciales relacionados con actividades de servicios que pueden o no llevar asociados el transporte de cargas. Cuantitativamente se trata de un número de vehículos importante, entre el 40 y el 50 % del total de vehículos comerciales. Puede justificarse con razón que este tipo de actividades son tan esenciales para el funcionamiento de una ciudad como la DUM. Pero podemos preguntarnos si se justifica que quien solo transporta un maletín de herramientas y se mueve con un vehículo que, por dimensiones, puede estacionar en otros lugares tenga los mismos derechos que quien transporta mercancías de cientos de kilos en un vehículo que, por dimensiones y gálibo, no cabe en otras zonas de estacionamiento. Este es un debate abierto que va más allá del alcance de esta obra.

- **El tiempo autorizado.** Normalmente las autoridades limitan el tiempo durante el cual un vehículo puede estar estacionado en una zona de carga y descarga para evitar abusos y facilitar la rotación. Este tiempo puede ir desde las tres horas en la ciudad de Nueva York a unos pocos minutos en otras. Lo más habitual es que el tiempo máximo se sitúe alrededor de media hora. Lo lógica nos dice que el personal conductor no tiene ningún interés en tener su vehículo estacionado sin realizar ninguna actividad; al contrario, le interesa realizar la entrega lo más rápido posible y continuar con su ruta. Dicho esto, todos conocemos casos de abuso por razones más o menos comprensibles. Lo ideal sería que el tiempo autorizado dependiera del tipo de actividad que se realiza pues el tiempo necesario depende en gran medida de la tipología de la carga y del establecimiento donde se realiza la entrega.

- **La fiscalización.** La fiscalización del uso irregular o abusivo de las zonas de carga y descarga puede realizarse mediante sistemas analógicos o digitales. El disco horario de cartón, donde se marcaba la hora de llegada, fue muy habitual en muchas las ciudades y facilitaba a los agentes de la autoridad el control del tiempo de estancia. En la actua-

Cuadro 5.2.
Aplicación para las zonas de carga y descarga
de la ciudad de Barcelona

SPRO es el sistema de control de las zonas de carga y descarga vía app que utiliza el Ayuntamiento de Barcelona. Requiere un registro inicial para facilitar datos y matrícula, que se comprobarán para verificar que se trata de un vehículo comercial. Una vez el vehículo llega a la zona de carga y descarga, la aplicación encuentra automáticamente la localización vía GPS y el personal conductor debe registrar el inicio del estacionamiento. A partir de ese momento se abre una ventana de 30 minutos para realizar la operación. Una vez finalizada, debe registrarse el fin del estacionamiento. En caso de superarse el tiempo autorizado, saltará una alarma al personal de vigilancia que confirmará el exceso de tiempo y, si procede, emitirá una sanción. El sistema también funciona vía SMS con un código para transportistas que no dispongan de la aplicación. Aunque la app empezó en el municipio de Barcelona, en la actualidad se ha extendido a diversos municipios colindantes. Esto es una ventaja para transportistas que con una sola aplicación pueden operar en diversos municipios.

Una de las funcionalidades del sistema es que ofrece capacidad predictiva. Es decir, a partir del histórico de utilización en cada una de las zonas de carga y descarga, se puede conocer la probabilidad de encontrar sitio libre en un día y hora determinados. Otra funcionalidad importante es para la administración, pues SPRO ofrece datos muy valiosos sobre horarios, tiempo de estancia y rutas habituales de reparto, por tipo de vehículo, por tipo de actividad, etc. Esto permite aportar informaciones reales para la planificación de la movilidad.

Como es el personal conductor quien debe registrar el inicio y el fin del estacionamiento, pues esto no se hace automáticamente a través de sensores, lo que ocurre en realidad es que muchos no lo registran. No solo los que temen superar el tiempo autorizado sino también los que realizan una operación muy rápida y consideran que no hace falta. Como resultado, solo una parte de las operaciones aparecen registradas. En este sentido, se están estudiando soluciones que permitan automatizar el registro. ■

Figura 5.15. Las aplicaciones para las zonas de carga y descarga facilitan el control de su uso. En la imagen, la app SPRO en Barcelona (España).

lidad se tiende a emplear sistemas digitales, como en algunas ciudades de América Latina, donde la fiscalización se hace mediante cámaras conectadas al centro de control de tránsito, algunas con capacidad de lectura automática de matrículas.

Otra opción es situar sensores que identifican los vehículos autorizados mediante chips a bordo. Es una opción más cara, pero con la ventaja de no dejar margen de discrecionalidad al transportista para decidir si registra su estacionamiento ni cuando lo hace. Otra opción es vía aplicaciones que requieren registrar el estacionamiento y la salida, o bien esto se registra automáticamente mediante *bluetooh*. Los sistemas digitales no solo facilitan el control de los agentes de la autoridad, sino que aportan una multitud de datos sobre el uso de las zonas de carga y descarga, como horas pico, tiempo promedio de estancia, etc.

Eventualmente los sistemas de control digital podrían facilitar una segmentación por tipo de entrega u hora del día. Esto permitiría dar más tiempo a actividades que así lo requieran y menos a las más rápidas, o dar más tiempo en horas valle y menos en horas pico. Y no es inimaginable que en un futuro las municipalidades decidan tarificar el uso de las zonas de carga y descarga, por ejemplo, a partir de un cierto tiempo mínimo gratuito. Esto ya pasa en muchos aeropuertos donde se permite la parada gratuita para un momento de despedida, pero se tarifica a partir de un cierto tiempo. Esto generaría incentivos económicos para el uso más eficiente de las zonas de carga y descarga, por ejemplo, penalizando estancias largas sin razón justificada, o bonificando su uso en horas valle.

Carga y descarga en zonas peatonales

En las zonas peatonales con alta densidad comercial, las zonas de carga y descarga pueden perder su sentido pues no existen propiamente carriles de

Figura 5.16. Una zona peatonal sin apenas plazas previstas para la carga
y descarga obliga a los vehículos de reparto a invadir las aceras.

circulación de automóviles. Normalmente se restringen las operaciones en los horarios donde se prevé mayor afluencia de visitantes, mientras que se pueden utilizar bolardos retráctiles para permitir el acceso de los vehículos de mercancías en los horarios autorizados.

Cuando se diseñan zonas peatonales no siempre se tiene suficientemente en cuenta las necesidades operativas de la carga y descarga. Es recomendable utilizar pavimentos que soporten el peso de los vehículos de transporte y el desgaste que imprima la maquinaria de manutención, y no obstaculizar innecesariamente con mobiliario urbano los itinerarios entre los vehículos y los comercios, o los corredores de circulación.

Los carriles multiuso

Se trata de carriles de circulación viaria con una señalización variable que permiten diferentes usos a lo largo del día. Por ejemplo, pueden ser utilizados como zona de carga y descarga por la mañana, como carril bus durante el resto del día y como estacionamiento de turismos por la noche. Es una medida muy sencilla y efectiva para optimizar la utilización de grandes vías urbanas. Estos carriles deben señalizarse de manera adecuada, mediante sistemas que permitan el cambio de señalización para sus distintas funciones a lo largo del día.

El gran desafío de las zonas de carga y descarga

Estas zonas no cumplen su función si el personal conductor las encuentra ocupadas por otros vehículos ajenos a la operativa de carga y descarga de mercancías. Estos pueden ser servicios oficiales, usuarios autorizados como personas con movilidad reducida o, simplemente, automóviles que estacionan de manera irregular. A veces también se trata de vehículos de carga que extienden el tiempo de estancia más allá del autorizado por razones justificables, o no tanto. Hay una cuestión cultural que deberíamos tener totalmente asumida: las zonas de carga y descarga deberían ser tan «sagradas» como otras zonas de estacionamiento reservado, como las destinadas a personas con movilidad reducida o las destinadas a servicios oficiales.

Sobre los horarios. La carga y descarga nocturna

Tanto la organización de las plataformas de distribución, que a menudo realizan sistemas de reexpedición *(cross docking)* en horario nocturno, como los horarios de los establecimientos comerciales, explican que el pico de la DUM sea en horario matutino y que coincidan con el pico de entrada en las ciudades.

Uno de los objetivos de las autoridades es evitar esta superposición de picos y, en lo posible, aplanar la curva de tráfico en los accesos a las ciudades. Una de las medidas es regular los horarios y el tipo de vehículos de carga autorizados a circular y descargar a lo largo de las horas del día.

Otra cuestión es la circulación de camiones y la carga y descarga en horario nocturno. Mientras que en muchas ciudades latinoamericanas se favorece o incluso se exige que determinada carga y descarga se haga en horario nocturno, en Europa la situación es más bien al revés. En muchas

Figura 5.17. Zona claramente señalizada, reservada para carga y descarga, y ocupada por turismos... la señalización no siempre se respeta.

Figura 5.18. La carga y descarga nocturna ofrece ventajas (menor congestión
e impacto ambiental) e inconvenientes (turnos de noche, inseguridad
o posibles molestias por contaminación acústica).

ciudades europeas uno de los temas más sensibles para la ciudadanía es el
ruido y por esta razón se restringen las operaciones en horario nocturno.

A pesar de no estar alineada con los horarios habituales tanto de plataformas de distribución como de comercios, la carga y descarga nocturna
puede aumentar significativamente la eficiencia en la DUM por dos factores: en primer lugar porque se evita la congestión, y en segundo porque
se pueden utilizar camiones de mayor porte con lo que se optimiza el uso
de su capacidad de carga. También beneficia a la ciudad en términos de
menor congestión e impacto ambiental. Algunos estudios concluyen que
la carga y descarga nocturna es, por sí sola, la medida que más contribuye

a reducir los impactos de la logística urbana. Desde el punto de vista del comercio, también es beneficiosa porque el aprovisionamiento se ha hecho fuera del horario comercial y cuando se abre por la mañana ya se dispone de todos los suministros.

No obstante, se dan también algunos inconvenientes:

- Las reticencias de los establecimientos comerciales, especialmente del pequeño comercio. La logística urbana nocturna exige o bien la presencia de personal fuera de los horarios comerciales, o bien establecer protocolos de entrega de llaves a las empresas transportistas, o disponer de un espacio para aprovisionamientos con doble acceso. A efectos prácticos, solo en grandes establecimientos comerciales es factible esta operativa nocturna.
- Los mayores costos salariales asociados a los trabajos en turnos de noche.
- Las quejas que puedan derivarse por los ruidos producidos en la carga y descarga. Los comercios son reticentes a generar animadversión entre el vecindario por esta razón.
- Las reticencias tanto del comercio como del transporte por razones de seguridad: robo de mercancías, asaltos, robo de vehículos, etc.

Extender la carga y descarga nocturna exige una mentalidad abierta a hacer las cosas diferentes a todas las partes implicadas (transportistas, comerciales y administraciones), pues los beneficios son obvios para todas las partes. Esto a veces no es fácil y choca con la cultura de silos que se ha descrito en el capítulo 3. El autor trabajó para una ciudad donde la Secretaría de Movilidad quería impulsar la carga y descarga nocturna que estaba poco desarrollada. El trabajo reveló que para que un operador pudiera realizar operativas nocturnas en un establecimiento se requerían hasta veinticinco trámites y con un costo significativo de informes de ingeniería para acreditar que se hacía sin ruidos.

Figura 5.19. Certificados de logística urbana respetuosa,
en Francia (izq.) y en Países Bajos (der.).

En algunos países europeos se han desarrollado certificados que acreditan que las empresas utilizan equipos y procedimientos respetuosos con el descanso del vecindario. Estos certificados refuerzan la seguridad de las empresas ante eventuales quejas en la medida en que la percepción del ruido nocturno puede tener una cierta componente subjetiva. Entre los más conocidos está el PIEK que acredita que no se produce un ruido superior a 60 dB(A) a 7,5 m. Este certificado nació en los Países Bajos y se ha extendido a otros países. En Francia existe la certificación Certibruit.

Regulaciones ambientales

Cada vez son más las ciudades que establecen restricciones medioambientales a los vehículos con motores de combustión, particularmente a los más contaminantes. Aunque normalmente no se trata de medidas específicamente dirigidas a los vehículos de transporte de mercancías, estas restricciones tienen una incidencia importante en este sector, puesto que muchos de los vehículos

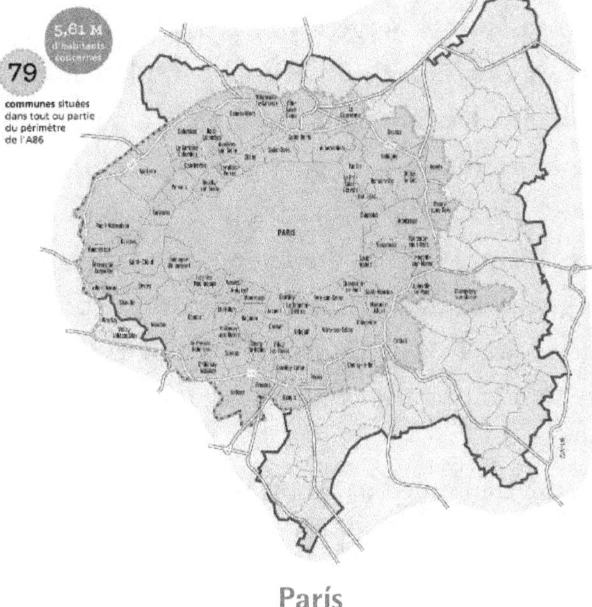

París

Figura 5.20. Perímetros de las zonas de bajas emisiones en Barcelona, Madrid y París.

utilizados en la distribución urbana de mercancías llevan motor diésel y a menudo son antiguos.

Puede tratarse de restricciones genéricas, es decir, se prohíbe la circulación de vehículos que no cumplen determinados estándares ambientales en un perímetro determinado. En este caso se conocen como «zonas de bajas emisiones» (ZBE). No deben confundirse con las zonas de peajes urbanos que trataremos más adelante. También pueden ser restricciones puntuales, es decir, que se aplican solo cuando las autoridades decretan un episodio grave de contaminación ambiental.

Zonas de bajas emisiones

En Europa existen cientos de ciudades que han establecido ZBE en todo o parte de su núcleo urbano y el número no deja de incrementarse progresivamente. Estas ZBE están amparadas por la Directiva europea 2008/50/CE que establece medidas para establecer objetivos medioambientales de calidad del aire en las ciudades. En España, por ejemplo, la Ley 7/2021 del Cambio Climático y la Transición Energética obliga a los municipios de más de 50.000 habitantes a establecer una ZBE. La implantación de las ZBE en España impide la circulación en día laborable y horario diurno a vehículos que no cumplan la norma Euro 3 para gasolina o Euro 4 (furgonetas) y Euro 5 (camiones) para diésel. No obstante, el perímetro y régimen de aplicación de las ZBE se deja a la discrecionalidad de cada municipalidad. Entre estos márgenes de discrecionalidad están los periodos transitorios acordados con los colectivos de transporte de mercancías. El cumplimiento normalmente se fiscaliza por cámaras con reconocimiento de matrícula situadas en puntos clave.

El caso de la ZBE de Barcelona, la primera en implantarse en España, es interesante por varios factores. En primer lugar, porque es la única cuyo ámbito de aplicación comprende varios municipios de su área metropolitana. En segundo, porque su carácter pionero la obligó a abordar y dar respuesta a las problemáticas que la norma imponía a los transportistas de última milla.

Figura 5.21. Señalización de la zona de bajas emisiones de Madrid.

Esto implicó negociar con los sectores afectados un periodo transitorio que permitiera la renovación de flotas, ayudas económicas y la exención a profesionales del transporte con edades próximas a la jubilación.

La fiscalización de las ZBE puede ser un reto. En París, por ejemplo, recelos sobre la privacidad dificultan que las cámaras de fiscalización dispongan de lectura de matrículas, con lo que la efectividad de la medida se diluye.

Peajes urbanos

Los peajes urbanos son tasas que aplica un municipio a cualquier vehículo que desee circular dentro de un perímetro definido, normalmente el área central de una ciudad. A menudo se denominan *tasas por congestión*. Pueden ser temporales, es decir, permiten circular dentro del área tantas veces como se desee durante un periodo determinado. Este es el caso de la *congestion charge* de Londres (Reino Unido). O bien han de pagarse cada vez que un vehículo ingresa en el perímetro tarificado, como ocurre en Singapur, Oslo (Noruega) o Estocolmo (Suecia).

No deben confundirse las tasas por congestión con las zonas de bajas emisiones, donde en principio no se paga ningún tipo de peaje, sino que se restringe la circulación de los vehículos más contaminantes. No obstante, ambos tipos de medidas se pueden cruzar. Por ejemplo, en Londres, los vehículos que no cumplen los límites de emisiones pueden obtener autorizaciones diarias para ingresar en la ZBE a cambio de pagar una tasa.

Restricciones por días

En muchas ciudades de América Latina existe la limitación de circular durante determinados días de la semana en función del último número de la placa de matrícula. Hay diversas modalidades que incluyen excepciones para determinados tipos de vehículos, por ejemplo, el «pico y placa» en Bogotá y otras ciudades de Colombia o el «hoy no circula» en Ciudad de México. Este tipo de regulaciones se adoptó para frenar el crecimiento exponencial de la congestión y la contaminación en algunas ciudades. Pero es un método crudo y socialmente regresivo: las personas más adineradas y las grandes empresas pueden invertir en vehículos con diferente numeración en la placa para sortearlo. Las pequeñas empresas, propietarias de vehículos de carga, ven reducidos los días en que pueden operar y generar ingresos.

Tasas e incentivos

La administración pública puede contribuir también a la mejora de la distribución urbana de mercancías introduciendo incentivos y tasas fiscales, por ejemplo:

- Ofreciendo incentivos fiscales, como bonificaciones en los impuestos municipales, a titulares de vehículos menos contaminantes, eléctricos, etc.
- Dando prioridad en el uso de zonas de carga y descarga a los vehículos menos contaminantes, o aumentando el tiempo autorizado de estadía.
- Ofreciendo apoyo económico para la sustitución de los vehículos más contaminantes.
- Otorgando incentivos a las empresas asociadas a marcas de excelencia o comprometidas en códigos de buenas prácticas.

Infraestructuras

Hablaremos en este apartado de infraestructuras públicas, o en las que la iniciativa pública es determinante para su implementación y operación.

Los mercados

En muchas ciudades, los mercados son aún las infraestructuras logísticas de referencia para la distribución de productos alimentarios y normalmente están construidos, operados y regulados por las municipalidades.

Muchos mercados fueron construidos en épocas en que las formas de distribuir, las regulaciones sobre la manipulación de alimentos o la garantía de la cadena de frío, eran diferentes a las actuales. Por ello sus infraestructuras son a veces obsoletas. Otro problema habitual es que no disponen de espacios suficientes y adecuados para el estacionamiento de vehículos, tanto de los distribuidores a los comercios del mercado como de la clientela. Y a menudo tampoco disponen de infraestructuras adecuadas y eficientes para la carga y descarga.

Figura 5.22. Dos importantes centros logístico-económicos de distribución de alimentos perecederos de América Latina son el Mercado de Abastos de Guadalajara (México) (arriba), y Corabastos (abajo), la central de abastos de alimentos más importante de Bogotá (Colombia).

Asimismo, los mercados agrupan los sectores comerciales más tradicionales y con un tamaño empresarial muy pequeño. Esto dificulta el posicionamiento de estos comercios ante los nuevos hábitos de consumo.

Hoy los mercados en los barrios de una ciudad se perciben como piezas esenciales para promover el concepto de «ciudad de los quince minutos» que hemos tratado en el capítulo 1. Además tienen un papel importante en la distribución de alimento fresco y con cadenas de aprovisionamiento que favorecen el producto de proximidad frente a las cadenas de supermercados que, por volumen, deben centralizar su aprovisionamiento y depender de proveedores más lejanos. En los planes de logística urbana de las ciudades latinoamericanas, la modernización de los mercados está entre las principales prioridades de las alcaldías.

Los mercados mayoristas

Los mercados mayoristas tienen la función de abastecer de producto fresco tanto a mercados como a pequeños establecimientos minoristas. Aunque normalmente las grandes cadenas de distribución centralizan su aprovisionamiento, algunas también se abastecen en los mercados mayoristas.

Los mercados mayoristas son auténticos polos logísticos especializados en productos alimentarios. Uno de los mayores de Europa es el Mercado Mayorista de Barcelona (Mercabarna), al que acceden diariamente más de 14.000 vehículos y unas 23.000 personas, 7.500 de las cuales forman parte de las más de 250 empresas que operan en el mercado, donde se mueven más de dos millones de toneladas de frutas y hortalizas al año.

Muchos mercados mayoristas tienen orígenes históricos y estaban, o están aún, en pleno centro urbano, por ejemplo, en Ciudad de México o en Guadalajara (México). En otros casos a pesar de su ubicación periférica han sido rodeados por el crecimiento de la ciudad, como en Bogotá o en Quito. En ambos casos, esto deriva en graves problemas de congestión, ruidos, salubridad, actividades informales, etc. Además, estas ubicaciones dificultan la modernización de las instalaciones, su desarrollo y la incorporación de actividades de valor añadido.

El traslado de los mercados mayoristas del centro a la periferia es a la vez una necesidad y un gran reto. No solo en términos económicos sino muy especialmente por la dificultad de encontrar emplazamientos suficientes y bien comunicados, y también por las reticencias al cambio de los operadores incumbentes. Muchas zonas emblemáticas en el centro de grandes ciudades fueron en su momento mercados centrales: Covent Garden en Londres, operativo desde 1500 hasta 1974, Les Halles en París, el Chelsea Market en Nueva York o el Born de Barcelona. En América Latina se han

Figura 5.23. Mercabarna, el mercado mayorista en Barcelona,
también dispone de una zona para pequeños minoristas.

Figura 5.24. Zonas de carga del Mercado de Abastos de Guadalajara (México).

realizado traslados exitosos de mercados mayoristas a la periferia en Lima, Cali, Guayaquil o Montevideo.

La operativa habitual de los mercados mayoristas es el abastecimiento a proveedores por la noche y la venta a minoristas temprano por la mañana y a lo largo del día. Como se desprende de lo anterior, estos horarios contribuyen a los picos de la DUM por la mañana en las ciudades. Gestionar los horarios de estos mercados puede contribuir a aplanar los picos de tráfico derivado de la distribución de mercancías.

Los mercados ambulantes

Los mercados ambulantes, es decir en calles o plazas, durante unos días del año es una imagen habitual en muchos países de Europa, especialmente

Figura 5.25. Mercado de Bahía en el centro de Guayaquil, un entramado de puestos comerciales repartidos en más de tres kilómetros de calles y pasos peatonales interconectados.

en España, Italia, Alemania o Francia. También se organizan mercados de artesanías, de productos de proximidad o de artículos de segunda mano. Estos mercados también requieren su logística y, cuando solo se celebran un día de la semana, generan picos y problemas de estacionamiento de vehículos de carga que se deben gestionar.

Aunque la mayoría de puestos de venta puedan ser perfectamente legales, este tipo de mercados atrae a menudo otras actividades informales. Esta problemática se ve muy acentuada en grandes ciudades de América Latina. Las actividades informales no solo son competidoras de las legalizadas, sino que utilizan sistemas de aprovisionamiento precarios, mal organizados y que en general degradan el entorno donde se realizan. Pero al mismo tiempo también atraen público y, de alguna manera, se genera una simbiosis entre economía formal e informal en algunos de estos mercados.

Muchas veces las autoridades son reticentes a abordar estas problemáticas por las derivadas sociales que implican. Un ejemplo de abordar esta problemática fue el proyecto de transformación de los mercados informales o «bahías» del centro de Guayaquil. En esta ciudad, una alcaldía con un fuerte liderazgo, y quizás con un cierto autoritarismo, acometió la transformación de las «bahías» y la legalización de todos los puestos de venta. El resultado fue una espectacular mejora del entorno urbano. Lamentablemente no se tuvo en cuenta la logística urbana y el proyecto no previó puntos para el estacionamiento y la operativa de carga y descarga de los puestos de venta.

Corredores para cargas

Se trata de corredores para canalizar los flujos de vehículos pesados de cargas por vías que interfieran lo mínimo en el conjunto de la ciudad. Un caso típico son los accesos a puertos ya comentados en este capítulo al referirnos a la planificación de las ciudades portuarias. Otro caso son las vías de circunvalación para evitar el tráfico de paso. Más a menudo no se trata de nuevas infraestructuras dedicadas sino simplemente de la regulación de los viales y los horarios permitidos para la circulación de camiones.

Uno de los ejemplos citados a menudo son las *truck streets* de Seattle en Estados Unidos. Se trata de vías específicas, diseñadas para la circulación de camiones de gran porte por su anchura, radios, pavimento y compatibilidad con otros medios de transporte. Las hay para favorecer el acceso al puerto, otras destinadas a los suministros en centro de la ciudad y otras a las zonas industriales. Estas vías cubren un total de 142 millas que corresponde a un 12 % de la totalidad de calles. Las *truck streets* son una respuesta para una ciudad con orografía complicada. De hecho son dos penínsulas, y con un gran puerto y zonas industriales justo al lado del núcleo urbano o *downtown*.[2]

---

[2] Para obtener más información, véase: https://www.seattle.gov/transportation/projects-and-programs/programs/freight-program/truck-streets.

Estacionamientos de camiones

Normalmente los camiones de gran porte tienen vedado el estacionamiento en las zonas residenciales. La demanda de estacionamiento de camiones responde a dos casuísticas de naturaleza diferente. Por un lado, los camiones «residentes», es decir, cuyos titulares están radicados en la ciudad. Cuando el titular es una empresa, normalmente el camión estaciona en las instalaciones de dicha empresa cuando no está en uso. Pero cuando el titular es un profesional independiente, lo cual es habitual en la DUM, no es tan evidente que pueda estacionar en el interior del recinto de una empresa. En estos casos o bien estaciona en la vía pública, sea en zona residencial o industrial, o bien busca soluciones en terrenos bal-

Figura 5.26. Estacionamiento para camiones en tránsito
en un polígono industrial de Ámsterdam (Países Bajos).

Figura 5.27. Estacionamiento regulado de camiones en el Centro de Transporte de Mercancías de Sevilla (España).

díos cuya propiedad alquila el espacio. No siempre estos emplazamientos ofrecen condiciones adecuadas de pavimentación, vallado, seguridad, o instalaciones para acoger vehículos de transporte de mercancías peligrosas, por ejemplo. Tampoco ofrecen servicios como suministro de combustible, limpieza de vehículos o cisternas, recuperación de residuos, vigilancia, etc.

La otra componente de demanda son los camiones en «tránsito». Estos pueden estar simplemente de paso, o a la espera para realizar una operación de carga o descarga. A diferencia del caso anterior, su estancia es corta y pueden no estar familiarizados con la ciudad.

La provisión de zonas de estacionamiento de camiones puede estar perfectamente atendida por la iniciativa privada, como lo está la provisión de estacionamientos para automóviles. No obstante, sí que requiere un marco habilitador en el sentido de asignar emplazamientos adecuados o promover alianzas público-privadas, como por ejemplo, terrenos públicos y operación privada. En algunos casos estos parqueaderos de camiones están gestionados por asociaciones de transportistas.

Centros logísticos

Los centros logísticos son espacios específicamente diseñados para acoger actividades de transporte y logística. Este diseño específico incluye la urbanización, la vialidad, los accesos o los servicios complementarios. A menudo están asociados a puertos comerciales y focalizados en los tráficos de mercancías por vía marítima, o junto a los aeropuertos como centros de carga aérea. Hay muchos centros logísticos que nacieron con vocación de facilitar la distribución urbana de mercancías. Dichos centros tienden a especializarse en plataformas de reexpedición *(cross docking)*, es decir, a acoger almacenes donde se realiza la recepción y desconsolidación de cargas que provienen de larga distancia, y por tanto utilizando camiones de mayor porte, para distribuirlas en las zonas urbanas mediante vehículos de carga liviana.

De manera análoga a los mercados mayoristas, el origen de algunos de estos centros está en iniciativas públicas para favorecer el traslado de las empresas de transporte ubicadas en el centro urbano hacia ubicaciones periféricas. El reto para el desarrollo de estos centros es la provisión de terrenos suficientes y bien comunicados. Esto requiere que los planes de urbanismo y ordenación del territorio hayan reservado estos espacios y no hayan sido ocupados ya por otro tipo de usos.

Hay centros de este tipo en España como la CIM Vallés en Barcelona, Aparcabisa en Bilbao, o el Centro de Transportes de Coslada en Madrid. También en Francia como Rungis en París. En Italia o en Alemania este tipo de centros está a menudo asociado a terminales ferroviarias de mer-

Figura 5.28. La central logística CIM Vallés, en Barcelona,
está promovida por la empresa pública Cimalsa.

cancías.[3] En América Latina no se ha desarrollado este tipo de plataformas logísticas, aunque se está explorando en diversas metrópolis.

La urbanización de las calles

Según cómo se urbanicen las calles, qué materiales se usen y qué mobiliario urbano se instale, estas pueden facilitar las operaciones de última milla o entorpecerlas. Algunos de los problemas habituales son:

---

[3] Se puede obtener más información sobre este tipo de centros en: http://www.gvz-org.de (Alemania), www.sogaris.fr/en (Francia), http://www.unioneinterportiriuniti.org/ (Italia) y http://www.acte.es (España).

- Pavimentos que no soportan el peso de los camiones y furgonetas. A menudo quienes diseñan las zonas peatonales no son conscientes de que no solo van a circular peatones, sino también camiones y furgonetas de reparto durante una parte del día para abastecer a los comercios. Esto significa que al cabo de poco encontremos baldosas rotas y pavimentos irregulares. Seguro que todos hemos visto esta imagen en algún momento. Y atención, porque los vehículos eléctricos tienden a pesar más debido a sus baterías.
- Mobiliario urbano que entorpece innecesariamente las actividades de carga y descarga.
- Gálibos verticales o anchuras de carril que no permiten el tráfico de pequeños camiones. ¡Y no digamos los camiones de bomberos en

Figura 5.29. Ejemplo de mala práctica en zona de carga y descarga rodeada de obstáculos.

caso de emergencia! A menudo el carril es estrecho y el mobiliario urbano no permite apartarse, con lo cual cualquier vehículo realizando operaciones de carga y descarga obstruye el tráfico.

- Pavimentos y aceras innecesariamente rugosas que dificultan la rodadura de carretillas. Estas rugosidades son además causantes de ruido, lo que penaliza la posibilidad de realizar operativa nocturna.

La señalización

La señalización es indispensable para comunicar adecuadamente en las operaciones de última milla las reglas del juego para desarrollar adecuadamente la actividad. Ha de permitir identificar claramente las zonas de carga y descarga, las regulaciones, los itinerarios, etc. Y la señalización debe ser completa y clara a fin de minimizar ambigüedades que puedan generar inseguridad jurídica, es decir, dudas sobre lo que está permitido y lo que no.

Muchos aspectos relativos a la regulación de la logística urbana son una competencia estrictamente local. Esto significa que a veces no existen señales homologadas en los códigos nacionales de circulación ni en los manuales de señalización. Esto deriva en señales de alcance estrictamente local, que adoptan formas específicas en cada ciudad y a menudo distintas entre ellas, lo cual puede suscitar dudas en las personas no familiarizadas. Cabe añadir que la última milla progresa más rápido que los códigos de circulación. Pocos países tienen señalización homologada a escala nacional sobre ciclos, ciclovías, ciclologística, etc.

Para complicar más las cosas, no existe un código unificado internacional, ni tan siquiera europeo, para señalizar las zonas de carga y descarga. Así, por ejemplo, la señalización horizontal en España es una línea amarilla en zigzag, mientras que en Francia son cajones cruzados por una aspa y en Reino Unido un cajón marcado con línea discontinua y el rótulo *«loading only»*.

Figura 5.30. Algunos ejemplos de señalización de las zonas de carga y descarga.

Gobernanza y cooperación público-privada

La logística urbana es una actividad de naturaleza fundamentalmente privada que se desarrolla en el espacio público. Por ello es esencial una comunicación y cooperación público-privada fluida y con la mayor transparencia posible. Además, como se verá en el próximo capítulo, muchas de las respuestas para abordar los retos de la logística urbana requieren inversiones económicas privadas sobre la base de un marco regulatorio habilitador, que ha de ofrecer seguridad jurídica y previsibilidad para poder abordarlas con las suficientes garantías.

Un enfoque evolucionado de las políticas de logística urbana debe asumir que esta forma parte inseparable de la economía, de la vitalidad y del bienestar de la ciudad, y debe proponerse facilitar que las operaciones logísticas se realicen de manera eficiente y respetuosa con la calidad de vida de sus habitantes.

Habilitadores para la gobernanza municipal

Para que la gobernanza de la logística urbana en las ciudades consiga establecer un contexto en el que todos ganen, ya sean establecimientos comerciales, operadores de transporte, empresas industriales y ciudadanía, es recomendable establecer unos factores habilitadores. Diríase un cambio de mentalidad que obligará a muchos intervinientes a abandonar su zona de confort. Mencionemos algunos de estos factores habilitadores.

Liderazgo político

Una condición previa y necesaria para todo lo que viene después es que la movilidad de mercancías escale posiciones en la lista de prioridades de las autoridades municipales. Si a los políticos municipales no les interesan las mercancías, lo perciben como un territorio desconocido, o donde no van a sacar ningún rédito político, esta percepción permea por toda la organización. Así ningún funcionario espabilado propondrá ninguna medida ni se le ocurrirá dialogar con otros agentes a riesgo de recibir una reprimenda de arriba por meterse donde no interesa. Como es un tema complejo y poliédrico, para que una ciudad aborde políticas constructivas es necesario un liderazgo político desde arriba.

Formación y familiarización

En la mayoría de las administraciones locales, los equipos técnicos, administrativos y políticos están más familiarizados con los temas relacio-

Figura 5.31. Ejemplos de planes y estrategias para mejorar la logística urbana en diversas ciudades: Medellín, Barcelona, París y Londres.

nados con la movilidad de las personas que con la de las mercancías, tal como se ha abordado en el capítulo 5 al tratar sobre la planificación de la movilidad. En este sentido, es recomendable que las administraciones incorporen personal técnico, o lo formen internamente, para reforzar las capacidades propias en logística urbana. Esto les permitirá tener una interlocución más informada y fluida con los agentes privados que actúan en este campo.

Coordinación transversal y punto focal

Para superar la cultura de silos es altamente recomendable que las municipalidades establezcan ámbitos transversales para coordinar los diferentes departamentos con competencia sobre la logística urbana (por ejemplo, movilidad, medio ambiente, urbanismo, economía y comercio, policía, etc.). Asimismo, es interesante disponer de unidades especializadas en el manejo de logística urbana que posean una visión integral sobre la misma y puedan ejercer como interlocutores en primera instancia o como puntos focales con los diversos agentes del sector privado.

Las unidades de logística urbana no deberían suponer más burocracia sino simplificar y canalizar la existente. Tampoco deberían convertirse en simples escaparates de proyectos puntuales, políticamente más simpáticos, sin entrar a fondo en los aspectos más complejos y espinosos. Y finalmente debe evitarse el riesgo de estar situadas tan abajo en el organigrama municipal que les limite la capacidad de decisión y de conectar con las altas instancias políticas. Ciudades como Londres, París, Buenos Aires o Montevideo disponen de unidades específicas dentro de su organigrama para tratar la logística urbana con mayores o menores recursos.

Diálogo y participación

Es recomendable promover el diálogo participativo que integre la globalidad de los agentes implicados en la logística urbana. El diálogo es clave

Figura 5.32. Los talleres de capacitación en logística urbana refuerzan la colaboración entre todos los agentes implicados. Seminario de familiarización en Guayaquil (izq.) y taller sobre estrategias de logística urbana sostenible en Montevideo (abajo).

para formular correctamente las medidas y para evitar que provoquen impactos desajustados sobre diferentes tipos de intervinientes. También para garantizar que el sector privado y el público asuman como propias las estrategias acordadas y faciliten una implementación coordinada.

En algunas ciudades, con más experiencia en el diálogo público-privado sobre temas de movilidad, el mapa de agentes es conocido y está organizado en torno a asociaciones empresariales, profesionales o comunitarias.

Pero esto no es necesariamente así en otras en las que el sector privado o las entidades vecinales está menos organizado, o en las que funcionarios y políticos tengan un conocimiento muy superficial de los intervinientes que participan en la logística urbana.

Debido a que la logística urbana tiene una naturaleza poliédrica, con diferentes agentes, intereses y operativas, es habitual agrupar los foros de debate en ámbitos temáticos tipo grupo focal o *focus group,* es decir, reunir a un pequeño grupo de personas que respondan a preguntas en un entorno controlado para tratar temas, proyectos o subsectores específicos.

Datos e indicadores

Las ciudades disponen de escasa información factual sobre la logística urbana, lo cual constituye un lastre para la formulación de políticas y para su monitorización. Esto supone a menudo un reto importante porque, a diferencia del transporte de personas, en el ámbito de las mercancías, especialmente en la última milla, las fuentes primarias son mucho más escasas y menos fiables. Las nuevas tecnologías como el seguimiento de vehículos vía GPS, o el tratamiento de datos masivos generado por distintos instrumentos de control del tránsito ofrecen grandes oportunidades para superar estas carencias.

Administración en red

Las nuevas tecnologías permiten facilitar y simplificar la interfaz entre operadores del sector privado y administraciones públicas. Cada vez más municipalidades disponen del «portal de la carga» o «portal de la DUM». Se trata de portales de internet o de redes sociales que ofrecen información (normativa, regulaciones puntuales, situaciones excepcionales, información del tráfico, etc.) y facilitan la gestión administrativa u operativa, por ejemplo, mediante «ventanillas únicas» para consultas, gestiones o trámites. En este sentido, son interesantes los ejemplos de Londres o París.

¿Cómo estimular buenas prácticas?

Avanzar hacia una DUM más ordenada, cívica, respetuosa con el medio ambiente y segura no se alcanza solo con regulaciones y restricciones. Las administraciones pueden ejercer un papel importantísimo en la sensibilización y en el estímulo de buenas prácticas por parte de los operadores pri-

---

Cuadro 5.3.
La Gerencia de Logística Urbana
de Buenos Aires

Esta gerencia fue creada en 2020, y contaba en 2023 con un equipo de seis personas en las siguientes áreas: dirección (1), jurídica (1), administrativa (1), proyectos de infraestructura (1) y gestión DUM (2).

Los objetivos de la gerencia son facilitar, promover y fiscalizar las actividades de transporte de mercancías en la Ciudad Autónoma de Buenos Aires, y ser el punto focal con los sectores implicados como comercios y transportistas.

Depende orgánicamente de la Secretaría de Movilidad, pero tiene dos niveles administrativos intermedios: la Subsecretaría de Planificación de la Movilidad y la Dirección de Diseño y Planificación.

La gerencia planifica y diseña los «cajones azules» para la carga y descarga, actualmente hay unos 1.700. Estos normalmente tienen 8 m de longitud si están cerca de una esquina o 12 m si están en el centro de una manzana. En 2023 estaba trabajando en un aplicativo de reserva, estacionamiento y fiscalización de los cajones azules. También estaba en proceso de elaboración de un Plan Director de Logística Urbana.

vados. Esto requiere un trabajo proactivo de la mano de asociaciones empresariales y gremios profesionales, así como con empresas con capacidad de liderazgo que puedan ejercer de prescriptoras. Algunas investigaciones recientes han puesto de relieve el papel de las entidades prescriptoras en la manera como se realiza la distribución de última milla. Estas entidades no solo pueden ser las grandes compañías distribuidoras sino también las

Uno de los principales retos de la Gerencia de Logística Urbana es la gobernanza metropolitana. La jurisdicción de la Ciudad Autónoma de Buenos Aires comprende 200 km² y 3,5 millones de habitantes, en una conurbación, el Gran Buenos Aires, con más de 15 millones de habitantes repartidos en diversas jurisdicciones, cada una con regulaciones distintas sobre la materia. ∎

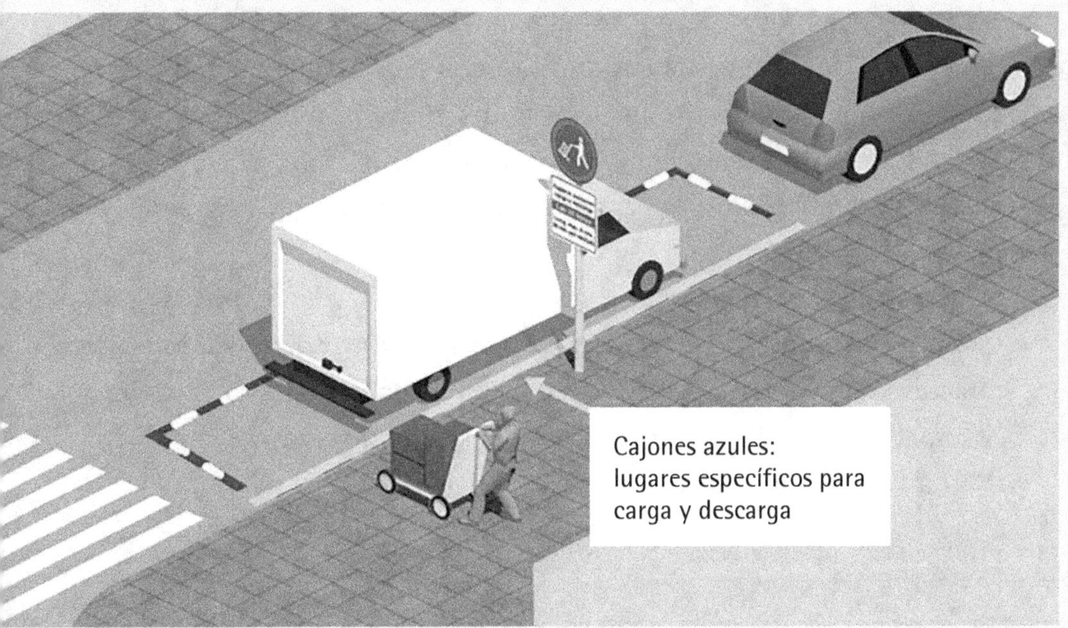

Figura 5.33. En el Gran Buenos Aires, los «cajones azules» regulan las zonas de carga y descarga.

Figura 5.34. Las marcas de excelencia en transporte optimizan
la gestión, la seguridad y las operaciones: certificados FORS,
de Reino Unido, y SmartWay, de Estados Unidos.

empresas destinatarias de las mercancías. Así, por ejemplo, tanto los equipos gestores de recintos comerciales, sean centros comerciales o zonas de revitalización económica,[4] como entidades que se benefician de algún tipo de financiación pública, actúan como potentes prescriptoras para influir en que las operadoras logísticas que les sirven mercancías utilicen vehículos más sostenibles, o realicen operativas con menor impacto.

Algunas herramientas útiles para estimular las buenas prácticas son:

- **Marcas de excelencia** como sellos que distinguen a las empresas operadoras que cumplen determinados requisitos o códigos de buenas prácticas en materias operativa (por ejemplo, en conducción eficiente y respetuosa), social y ambiental. Ejemplos clásicos son el FORS en Reino Unido y el SmartWay en Estados Unidos. Los sellos de exce-

---

[4] También conocidas como «área de mejora de negocio» *(business improvement districts* o BID) son asociaciones de carácter privado o consorciado con autoridades locales, mediante las que las empresas de un área delimitada se obligan al pago de determinadas contribuciones a cambio de recibir servicios dirigidos a la promoción económica y la regeneración del área.

Figura 5.35. Logo de la campaña de promoción de buenas prácticas en la DUM de Bogotá.

lencia a veces llevan asociadas ventajas económicas o tributarias a sus asociados. Estos programas no son específicos para la logística urbana sino para el transporte en general.

- **Acciones para promover una operativa más eficiente y respetuosa** como, por ejemplo, cursos, talleres u otras actividades de información y formación en conducción eficiente, respeto a las normas y prácticas de cortesía, y promoción del uso de programas de optimización de rutas, entre otras.

- **Plataformas de divulgación,** por ejemplo, para dar a conocer las características técnicas y operativas de las diversas tipologías de vehículos menos contaminantes de manera objetiva y contrastable. Este tipo de informaciones pueden a veces ser complejas, sesgadas por intereses comerciales o poco comprensibles para las pequeñas operadoras de la última milla. Un ejemplo interesante de divulgación fue la *Guía de Buenas Prácticas* elaborada por la Alcaldía de Bogotá.

  Se trataba de unos vídeos divulgativos para promover las buenas prácticas en las operativas logísticas que se desarrollan en la ciudad.

Estos vídeos estaban presentados por personajes populares y explicados con un lenguaje claro y comprensible, e iban acompañados de un sencillo documento en formato PDF que explicaba de manera pedagógica algunos criterios y recomendaciones básicas. La guía no solo estaba destinada a transportistas, sino también a personal auxiliar de almacén, empresas cargadoras, comerciantes y ciudadanía en general, es decir, a todos los agentes implicados de una manera u otra con la logística urbana.

¿Cómo formular adecuadamente políticas de logística urbana?

Podemos estructurar el proceso para la formulación de políticas de logística urbana sostenible en las fases de diagnóstico, evaluación, formulación, implementación, seguimiento y revisión, tal y como se resume en la tabla 5.2.

A todo lo anterior es posible añadir algunas recomendaciones transversales:

- **Contemplar el impacto y la sostenibilidad económica de las medidas.** La logística urbana refleja una relación dialéctica entre diferentes agentes con intereses distintos. Toda medida que se aplique implicará un costo. Es muy conveniente identificarlo claramente y conocer sobre quién repercutirá. Si es la Administración la que asume el costo, deberá asegurarse la sostenibilidad de la medida, es decir, que tendrá recursos para pagarlo, tanto a corto como a medio y largo plazo.

- **Avanzar mediante pasos graduales e identificar medidas que permitan éxitos tempranos.** En la medida en que la regulación de la logística urbana es un campo aún incipiente en muchas ciudades, los agentes todavía están poco familiarizados con ella. En este sentido, es conveniente avanzar mediante pasos graduales y, al mismo tiempo, identificar ámbitos donde puedan conseguirse éxitos tempranos que permitan generar una dinámica positiva y que contribuyan a que los diferentes agentes asuman la estrategia. Un primer paso en falso arruina la estrategia mejor concebida.

Tabla 5.2. Proceso de formulación de políticas para la logística urbana sostenible

FASE DE DIAGNÓSTICO	• Identificar los problemas • Priorizar los que se quieren tratar • Identificar claramente las raíces de cada problema • Identificar los agentes implicados
FASE DE EVALUACIÓN	• Evaluar posibles medidas para tratar cada problema • Evaluar los posibles impactos de las medidas y su incidencia entre los diferentes agentes • Seleccionar las más adecuadas y analizar su sostenibilidad económica
FASE DE FORMULACIÓN	• Elaborar una propuesta de plan de acción • Consultar con los agentes implicados y favorecer su participación • Ajustar y formular definitivamente el plan de acción • Elaborar una hoja de ruta para su implementación • Proponer indicadores para el monitoreo de la eficacia de las medidas
FASE DE IMPLEMENTACIÓN	• Comunicar e informar a todos los agentes implicados • Poner en marcha las medidas • Obtener información de su aplicación y hacer ajustes en caso necesario
FASE DE SEGUIMIENTO Y REVISIÓN	• Elaborar y publicar indicadores de seguimiento • Consultar con los agentes implicados y promover su participación periódica • Hacer informes periódicos de seguimiento • Revisar las medidas si fuera necesario

Figura 5.36. En la formulación de políticas para hacer más efectiva la logística urbana es fundamental identificar los problemas. En las imágenes, se pueden apreciar tres ejemplos: unos bolardos impiden a una camioneta de reparto apartarse y dejar paso a la policía; camiones trabajando donde pueden, o la ocupación de una ciclovía ante la falta de espacio donde pararse de manera regulada.

- **Cuidar los detalles en la implementación.** Muchas de las regulaciones de la logística urbana requieren cambios de hábitos o costos añadidos para algunos o todos los agentes intervinientes. A menudo afectan a colectivos poco familiarizados o abiertamente desconfiados. En este sentido, comunicar bien y cuidar los detalles son la clave para el éxito en la implementación de las medidas.

6

Desafíos y oportunidades en la última milla

La logística urbana tiene ante sí enormes desafíos derivados de las preferencias y hábitos de consumo de la ciudadanía, o de la irrupción de nuevos productos y tecnologías. Y por último, aunque no menos importantes, desafíos derivados de reglamentaciones más estrictas para encuadrar esta actividad en los límites físicos de un espacio urbano que no es infinito. Además de nuevas normativas en la inevitable carrera hacia la descarbonización, así como para la preservación de un marco de condiciones laborables y socioeconómicas equilibradas para todos los intervinientes. En épocas de desafíos aparecen grandes oportunidades. Oportunidades para hacer las cosas de manera diferente, oportunidades para generar nuevas actividades y oportunidades para reinventarse.

En este capítulo trataremos algunas de las innovaciones que se están planteando para abordar de manera diferente la logística de última milla. Algunas son desarrollos privados, algunas son iniciativas públicas y muchas otras requieren una colaboración público-privada. En las innovaciones hay modas, como en todo. Una ciudad escandinava desarrolla un piloto innovador y lo explica en un foro internacional de ciudades. Al cabo de poco, la experiencia es publicada por un organismo internacional y aparece mencionada en centenares de artículos académicos. Y de allí se pasa a que todas las ciudades del mundo quieran hacer lo mismo, aunque las características de la ciudad escandinava no sean las de Madrid, México o Quito. O por ejemplo, Amazon prueba un nuevo modelo de reparto en Nueva York y de allí una empresa de Bilbao o de Montevideo aspira a replicarlo. Las buenas ideas en un lugar no lo son necesariamente en otros.

Nuestro enfoque en este capítulo es realista. Algunas cosas se ha demostrado que funcionan, pero otras no. Quizás puedan funcionar, pero es necesario darle aún alguna vuelta de tuerca para encontrar las condiciones para que puedan funcionar. O quizás solo pueden funcionar en algunos contextos muy concretos. Si buscamos en Google vamos a encontrar infinitud de propuestas innovadoras, proyectos piloto y mucha mercadotecnia sobre nuevas formas de abordar la logística urbana. Raramente vamos a encontrar informaciones sobre fracasos, sobre ideas que se probaron y que no funcionaron. Es importante identificar donde están las dificultades y los desafíos para concentrar allí los esfuerzos y generar nuevas ideas. Ignorar estas dificultades y desafíos no ayuda a avanzar.

Dos factores son esenciales para que nuevas maneras de abordar la última milla sean viables a largo plazo. La primera es que exista un marco jurídico habilitador. Es decir que facilite su desarrollo o que, como mínimo, no imponga cargas innecesarias que lo entorpezca. Explicaremos algunos ejemplos en este capítulo. La segunda es la escalabilidad. Hay nuevas formas de abordar la última milla que son viables a pequeña escala y en determinadas condiciones, pero que encuentran dificultades para crecer y generalizar esta solución en contextos más amplios. También explicaremos ejemplos.

Los centros de consolidación urbana

Los centros de consolidación urbana o CCU son puntos donde se consolidan cargas desde diversos proveedores para distribuirlas a distintos puntos de entrega dentro de un ámbito determinado. Este ámbito suele ser relativamente compacto, como un centro histórico o una zona comercial. La lógica de estos centros de consolidación se ilustra en la figura 6.1. Se observa cómo en el modelo «sin CCU», las empresas proveedoras 1 y 2

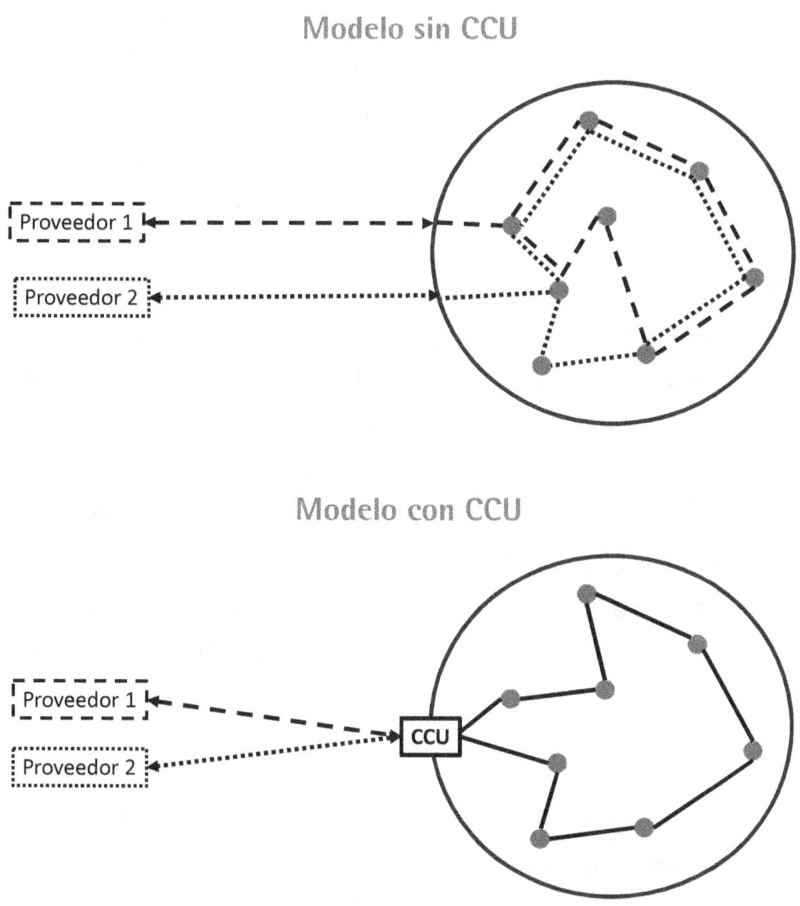

Figura 6.1. Esquema funcional de un centro de consolidación urbana.

Cuadro 6.1.
La evolución de un CCU pionero

La entidad Servicio Céntrico (SC)[1] comenzó su actividad en 2007 en la ciudad más antigua de los Países Bajos (180.000 habitantes) con un extenso centro histórico. En su inicio se focalizó en pequeños comercios independientes que contrataban un servicio de entregas desde un CCU con una frecuencia y unos horarios acordados. Llegó a servir a unos 160 establecimientos que indicaban a sus proveedores que debían realizar las entregas en el CCU en vez de hacerlo en el comercio. Para atraer clientela, el precio del servicio era muy económico beneficiándose de una subvención de lanzamiento de 100.000 €. Pero con precios bajos, la facturación no superaba los 10.000 € y no cubría los costos. Así, una vez consumida la subvención, SC se vio obligada a subir el precio del servicio y rápidamente su clientela se redujo a solo 45 comercios.

Para sobrevivir, SC se transformó radicalmente. Dejó de ser una fundación sin ánimo de lucro para convertirse en una empresa denominada Centros de Mercancías (CM). Cambió su modelo de negocio, abandonando la prestación directa del servicio de transporte desde el CCU a los recipientes para convertirse únicamente en un punto de servicio, subcontratando el transporte. Con ello la empresa dejó de ser visualizada como una competidora subsidiada y pasó a presentarse como una

---

[1] Nombre inventado pero corresponde a una empresa real. Fuente: H. Quak, R. Van Duin, B. Hendriks. Running an urban consolidation centre: Binnestadservice 10 years back and forth. *Transportation Research Procedia*, 2019. También se pueden consultar las webs: https://binnenstadservice.nl/ y https://goederenhubs.nl/. Información actualizada a julio de 2023.

proveedora de servicios a las transportistas. Para estas, utilizar los CCU evitaba entrar al centro urbano, con sus normas, horarios, restricciones, dificultades para aparcar, requisitos horarios de los destinatarios, etc. También les ofrecía mejores espacios e instalaciones para la carga y descarga y servicios de conveniencia al personal conductor, como café o lavabos. Así, sus clientes principales dejaron de ser los establecimientos comerciales para pasar a ser las proveedoras de transporte y servicios logísticos. A los comercios les ofrecía otros servicios de valor añadido, y de pago, como almacenaje temporal, etiquetado, entrega directa al destino final, o logística inversa para los residuos reciclables. Asimismo, amplió la red de CCU a diferentes ciudades, hasta catorce en los Países Bajos. Esto ofrecía una ventaja adicional a las transportistas: las mismas condiciones de servicio y entrega en los centros de consolidación de todas las ciudades, independientemente que cada una de estas tuvieran regulaciones diferentes.

Los efectos de la crisis financiera de 2008 significaron el cierre de establecimientos y un descenso de la actividad de transporte. Ante ello, las empresas transportistas redujeron costos externos, entre ellos los de usar los CCU. Entonces se puso el foco en sus clientes, en las empresas cargadoras. Esto obligó a una segunda transformación radical, pues debía que ofrecerles un servicio con garantías y trazabilidad equivalente a la de un operador logístico, independientemente de si la entrega se hacía desde un CCU o no. No se trataba simplemente de garantizar la entrega de los productos, sino también de gestionar los flujos financieros y de información. Esto implicaba desarrollar un *software* adecuado y transformar la forma de operar.

Esta plataforma de gestión pasó a ser el centro de la actividad. Hoy la matriz CM Holding solo opera directamente los CCU en la pequeña ciudad histórica inicial y en las otras pocas ciudades donde se inició la actividad. En el resto de ciudades, los CCU están gestionados por empresas locales con las que se comparte la plataforma de gestión y a las que se requiere unos estándares de servicio equivalentes en todo el país. ∎

realizan la misma ruta para muchos de los establecimientos servidos y que las distancias recorridas son mucho mayores que con el modelo «con CCU». Además, en el modelo con CCU, cada establecimiento solo recibe un vehículo, no dos, con lo que se optimiza la recepción de la mercancía y se reduce el impacto de vehículos en la vía pública. Las ventajas ambientales y de optimización de recursos se amplían si la distribución desde el CCU hasta los puntos de entrega se realiza con vehículos no contaminantes. Y más aún, se mejora en eficiencia si el acarreo desde las empresas proveedoras hasta el CCU se realiza de noche o en horas valle, eludiendo los períodos de mayor intensidad de tráfico.

Existen numerosas experiencias de centros de consolidación. Las más conocidas se han dado en los Países Bajos, en algunas ciudades italianas para distribución en sus centros históricos (Padua, Lucca), en la ciudad de Montecarlo en el Principado de Mónaco, y en algunos barrios de Londres o de Tokio, por citar solo algunos ejemplos.

En algunas ciudades el uso del CCU es obligatorio, por ejemplo, en Montecarlo. Si se quiere distribuir en la ciudad se debe pasar por allí. Lógicamente esto genera muchas cuestiones: ¿quién gestiona este monopolio?, ¿quién establece las tarifas?, ¿qué excepciones hay, por ejemplo, para productos de alto valor o productos que requieren una manipulación especial?, ¿qué pasa si el CCU está al límite de su capacidad, hay que hacer cola para que gestionen tus envíos?

En la mayoría de ciudades, sin embargo, los CCU son voluntarios. En estos casos, los factores de éxito son el compromiso de una masa crítica de empresas proveedoras y un sistema de distribución eficiente que asegure a estas, como mínimo, los mismos niveles de fiabilidad y satisfacción de la clientela que como si lo hicieran ellos directamente.

Otra cuestión es la viabilidad económica. El paso de las mercancías por un CCU implica unos costos de alquiler de espacio y de manipulación que, en principio, no existen si la distribución se realiza directamente desde la plataforma de distribución de la proveedora. Estos costos pueden ser compensados por la reducción del kilometraje recorrido o por el uso de vehículos con mayor capacidad de carga. O puede que los proveedores no visualicen estas economías, o que no sean suficientes para compensar la pérdida de control directo sobre la última milla. Por otro lado, casi nunca existen mecanismos que permitan a las operadoras más «verdes» monetizar la reducción de los costos ambientales que aportan a la colectividad.

La mayoría de centros de consolidación han sido promovidos directa o indirectamente por municipalidades y para asegurar su viabilidad utilizan la estrategia de la zanahoria, la del garrote, o ambas. La zanahoria adopta la forma de cesión gratuita o en condiciones muy favorables del espacio físico del centro y, muy a menudo, una subvención a la operativa. Uno de los problemas de muchos CCU es que se han visto obligados a cerrar cuando la subvención se ha terminado. La estrategia del garrote es establecer condiciones muy restrictivas para el reparto en el ámbito de servicio del CCU que hacen más atractivo su uso.

Un último tema a tratar es quién gestiona el CCU y el transporte hasta sus destinos finales. En muchos casos se trata de empresas de tipo social, cooperativas o entidades sin ánimo de lucro.

Hasta ahora el ámbito más habitual para los CCU son zonas de gran centralidad, perímetro reducido y alta densidad comercial. Muy pocas de las iniciativas que se han lanzado, han logrado consolidarse como negocios viables y escalar sus actividades. Pero esto no significa que no existan oportunidades en el futuro. Al contrario, se diría que los astros se están alineando para ver importantes desarrollos de centros de consolidación en los próximos años.

En primer lugar, porque favorecen las políticas de cero emisiones que cada vez promueven más ciudades. La distribución a partir de un CCU resuelve los problemas de autonomía limitada de los vehículos eléctricos. Además, permite a la empresa transportista o distribuidora desarrollar su actividad con «cero emisiones» sin tener que invertir en nuevos vehículos eléctricos.

Cuadro 6.2.
Los CCU de materiales de construcción. El caso de Londres

La industria de la construcción y las obras públicas son grandes generadores de volúmenes de cargas en una ciudad. Su logística tiene algunas características muy específicas: 1) se trata de actividades puntuales que finalizan una vez la obra está acabada; 2) requieren suministros muy variados, como cemento, ladrillos, cristales, sanitarios, cerámicas, cables, materiales eléctricos, tuberías, etc., con pesos, volúmenes, requisitos de manipulación y tiempo necesario para la carga y descarga muy diferentes; 3) pueden generar importantes flujos de logística inversa, como materiales de derribo, tierras, etc., y 4) pueden realizarse en cualquier lugar de la ciudad, incluso en zonas con problemáticas de circulación importantes y poco espacio disponible.

Por las razones anteriores, muchas ciudades requieren a empresas promotoras o constructoras que presenten un plan sobre cómo van a acometer los transportes de materiales para autorizar el uso temporal de una parte de los viales para la carga y descarga y el almacenaje de materiales o escombros.

La ciudad de Londres requiere desde hace años a estas empresas que proponga un *Construction Logistics Plan* en el paquete de permisos previos para el inicio de una obra importante. El propio municipio ofrece una guía para la formulación de estos planes.

Hace casi dos décadas, en 2005, el Ayuntamiento de Londres puso en marcha un piloto de centro de consolidación para la construcción (CCC) destinado a cuatro obras que se iban a realizar. El costo fueron 3,2 millones de libras, un 60 % aportado por el municipio y un 40 % por las empresas constructoras de las cuatro obras. La lógica de un CCC es similar a los centros de consolidación urbana descritos en este capítulo. El CCC se situó en South Bermondsey, no porque fuera el emplazamiento óptimo, sino por disponibilidad de espacio, y tenía una superficie de 5.000 m².

El CCC contribuyó a reducir el tráfico asociado a dichas obras en un 40 % y a una mejora en la productividad. Pero también se observó que el tiempo transcurrido entre los pedidos y los suministros aumentó, que se suscitaban cuestiones sobre responsabilidades por daños en los materiales, o que en algunos casos se producían errores en los envíos.

La experiencia puso de manifiesto las mejoras ambientales y en la movilidad de la medida, pero, al mismo tiempo, las debilidades en su gestión, con múltiples agentes involucrados, como empresas proveedoras, transportistas, constructoras y sus subcontratistas, y la entidad gestora del CCC. Además, al contrario que los CCU cuyos puntos de reparto son comercios y, por lo tanto, estables a lo largo del tiempo, en los CCC las obras empiezan y se terminan, y su localización no sigue pautas fácilmente definibles.

Los CCC plantean, pues, algunos retos adicionales a los identificados en los CCU. En primer lugar, los flujos son menos estables. En segundo lugar, el sector de la construcción aún no ha integrado conceptos y procedimientos logísticos habituales en otros ámbitos, como la integración de sistemas, lo que dificulta el desarrollo de los CCC donde interactúan diferentes intervinientes.

Londres ha seguido promoviendo los CCC para grandes obras con una importante componente pública, como fue la terminal T5 del aeropuerto de Heathrow u obras para los Juegos Olímpicos. En 2016 se publicó un directorio con doce CCC de diversa dimensión, todos gestionados por el sector privado.[2] ∎

---

[2] Las fuentes de este estudio de caso son el Departamento de Transporte de Londres (Transport for London - TfL) y la Asociación para la logística y la seguridad en la construcción (Construction Logistics and Community Safety - CLOCS).

En segundo lugar, si bien los CCU se plantearon inicialmente para cadenas B2B, hoy este concepto cada vez está más abierto a cualquier tipo de cadena. Se puede combinar cadenas B2B (suministro a establecimientos comerciales), con cadenas B2C (compras particulares realizadas en la plataforma en línea del comercio y entregadas sin pasar por la tienda física), consolidación de entregas B2C destinadas a un mismo bloque de apartamentos, etc.

Las microplataformas

Las microplataformas o *microhubs* son pequeñas áreas dedicadas a la ruptura de carga dentro de un tejido urbano, muy cercanas a los puntos de entrega de las mercancías. Permiten transbordar desde camiones o furgonetas a pequeños vehículos eléctricos, de tracción a pedal, mixtos, vehículos de movilidad personal (VMP) o incluso a pie, para realizar la entrega en la última milla.

Las microplataformas pueden ser dedicadas, es decir, utilizadas por una sola operadora de transporte, o bien ser multicliente. En este caso incorporan también funciones y retos similares a los descritos para los CCU en el apartado anterior.

Como ilustra la figura 6.2, los *microhubs* pueden reducir sustancialmente la circulación de vehículos de carga en la ciudad, así como el número de paradas para la carga y descarga, y optimizar el uso de la capacidad de carga. Igualmente permiten ofrecer una distribución de última milla de cero emisiones y facilitar el reparto en zonas con restricciones de tránsito muy estrictas, como zonas peatonales o centros históricos. Una clave del éxito de estas microplataformas es que su ámbito de servicio sea reducido para minimizar las distancias recorridas y que haya una alta densidad de puntos de entrega.

Pero al igual que los CCU, se añade una ruptura de carga adicional en la última milla, unos costos de infraestructura y un transporte adicional con vehículos de muy baja capacidad de carga útil. Además, si el *microhub* no lo opera directamente una operadora de transporte, se requerirá integrar los sistemas de gestión para asegurar unos niveles de trazabilidad y estándares de servicio homologables a los de la empresa transportista. Muchas microplataformas que nacieron con apoyo de municipalidades para compensar estos costos adicionales no sobrevivieron cuando la subvención finalizó.

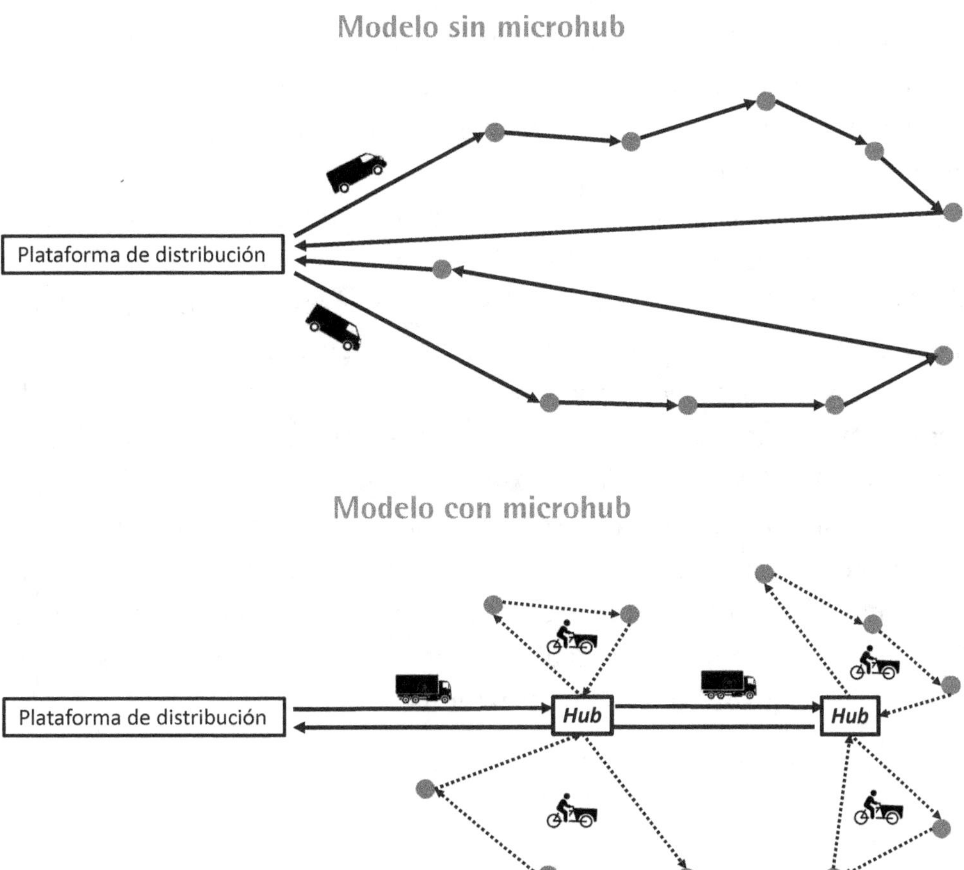

Figura 6.2. Esquema funcional de una microplataforma.

Cuadro 6.3.
Microplataformas en parqueaderos públicos

Microhub SA (MHSA)[3] es una empresa que desde 2018 ofrece soluciones logísticas de última milla a una serie de distribuidoras minoristas a través de una red de microplataformas en una ciudad española. Casi la mitad de ellas están ubicadas en aparcamientos subterráneos. La superficie ocupada por la plataforma es como promedio equivalente a una plaza de estacionamiento. Estos aparcamientos son habitualmente de propiedad municipal, pues están normalmente en el subsuelo de calles, plazas o equipamientos públicos, y la mayoría están gestionados en concesión por operadoras privadas.

La empresa empezó a funcionar promovida por una operadora con amplia experiencia en soluciones logísticas en múltiples sectores. MHSA consolida los pedidos en las plataformas de la operadora en los alrededores de la ciudad y los envía ya organizados y durante la noche a su red de microplataformas en el interior de la ciudad. Para realizar el transporte desde esos puntos hasta el destinatario final se busca preferentemente a personas que residan en las proximidades de la plataforma. El objetivo es que los desplazamientos no sean superiores a 750 metros y se realizan normalmente con bicicletas, VMP o a pie. La proximidad con el destino final permite acordar ventanas de entrega y reducir las entregas fallidas. También se ofrece la posibilidad de recogida en una taquilla o casilla de autoservicio situada en la microplataforma.

---

[3] Nombre inventado pero que corresponde a una empresa real. La fuente de las informaciones es la web de la empresa real y otras informaciones periodísticas de acceso público. Los datos corresponden a informaciones disponibles en julio de 2023.

Figura 6.3. Vehículo de movilidad personal (VPM) destinado a carga para distribución desde una microplataforma, situada en una plaza de aparcamiento subterráneo.

En 2021, la empresa concesionaria de los estacionamientos subterráneos donde operaba MHSA entró en su accionariado y tomó una posición de control mediante una ampliación de capital de 1,3 millones de euros. Esta operación implicó sumar las plataformas y el conocimiento logístico de un socio, con el músculo financiero y la extensa red de estacionamientos (casi 200 en nueve países de Europa y América) del otro. Cabe interpretar esta operación de manera estratégica. En el año 2020, MHSA distribuyó 251.000 paquetes y facturó 480.000 €, es decir un ingreso medio de casi dos euros por paquete, pero no alcanzó beneficios.

(Continúa en página siguiente.)

Las características físicas de los *microhubs* pueden ser variables, desde emplazamientos de pequeñas dimensiones para la paquetería del canal B2C, hasta pequeñas plataformas de reexpedición, incluso con cadena de frío para productos alimentarios. También se ha experimentado con microplataformas móviles instaladas temporalmente en la vía pública. Uno de los retos para su expansión son la disponibilidad de espacios adecuados en el centro de las ciudades, a precios suficientemente económicos para no gravar excesivamente la operación y con todos los permisos necesarios.

(Continuación de página anterior.)

Desde ese momento MHSA escaló su operativa. En 2023 operaba con alrededor de 40 microplataformas que cubrían la mayor parte de las zonas con mayor densidad de envíos en la ciudad y distribuía unos 2.000 envíos diarios, es decir unos 50 envíos por plataforma, lo que significó doblar el volumen de actividad en dos años. Su objetivo era crecer hasta 60 *microhubs* y 12.000 envíos diarios, unos 200 envíos por plataforma, multiplicando así por doce los volúmenes de actividad de 2020. En el futuro también se plantea incorporar a su oferta nuevos servicios logísticos, como el almacenamiento temporal de existencias de reserva para establecimientos comerciales.

Aun desconociendo los costos operativos, parece evidente que crecer en volumen es el factor determinante. Sin embargo, uno de los obstáculos que tuvo que superar la empresa fue que este tipo de operaciones no estaba explícitamente autorizado en los estacionamientos subterráneos, y este vacío legal implicaba un riesgo si se quería consolidar y escalar la actividad. Para esto se necesitaba una modificación de la normativa municipal de los estacionamientos que, tras más de un año de trámites, finalmente fue aprobada en 2022. ■

En este sentido, hay un gran interés y oportunidad para explorar espacios en estaciones ferroviarias, terminales de transporte público o en estacionamientos públicos. Muchos de estos espacios son de titularidad pública lo que permite que puedan ser puestos a disposición en condiciones favorables para operar *microhubs* desde ellos. En España, el administrador de las estaciones ferroviarias, el ente público Adif, está promoviendo este concepto en estaciones de Madrid y de Sevilla. Una iniciativa similar se está promoviendo las terminales de autobuses interurbanos de Bogotá.

Figura 6.4. Microplataforma subterránea en terminales
de transporte interurbano en Bogotá.

En ambos casos se trata de espacios de unos 350-400 m² situados en los parqueaderos.

En conclusión, tres son los desafíos principales para el desarrollo tanto de microplataformas como de centros de consolidación urbana:

- **La escalabilidad.** Se trata de actividades comerciales que a escala pequeña difícilmente son rentables, o con márgenes muy pequeños en el mejor de los casos. La rentabilidad se alcanza cuando se es ca-

Figura 6.5. Operación de transbordo de mercancías
en una microplataforma urbana en Barcelona.

paz de consolidar volúmenes de actividad y márgenes comerciales suficientes.

- **La cooperación.** Se requiere que diversos intervinientes cooperen, intercambien información e integren sistemas de gestión digitalizados. Si no hay voluntad de cooperación, no funciona.

- **El inmobiliario.** Hay que encontrar espacios comunicados y eficientes desde un punto de vista logístico, de bajo costo, en los que poder desarrollar una actividad para la que quizás no habían sido diseñados y con las autorizaciones administrativas necesarias. Un póker no siempre fácil de obtener.

Los puntos de entrega y recogida

Se trata de lugares donde las personas destinatarias de las mercancías pueden recogerlas y también depositar devoluciones. Tanto las empresas cargadoras, las minoristas o las transportistas, como las autoridades municipales están de acuerdo en la necesidad de optimizar las entregas individualizadas a las personas consumidoras finales, especialmente aquellas asociadas al comercio electrónico. Para las empresas operadoras y transportistas, estas entregas suponen elevados costos, especialmente cuando no se llegan a producir por ausencia de la persona destinataria. Las administraciones municipales, por su parte, están interesadas en reducir la movilidad de los vehículos de carga por los núcleos poblacionales, en particular en las áreas residenciales no preparadas para convertirse en puntos de entrega. La solución a esta problemática son los puntos de entrega y recogida.

Estos puntos de logística urbana pueden ser de diversas tipologías: automáticos (consignas o casillas de autoservicio), o atendidos, como puede ser la recogida de los productos en establecimientos de la cadena donde se ha realizado la compra en línea, establecimientos concertados con operadoras de última milla, o establecimientos propios de la empresa transportista, como las oficinas de correos o de mensajerías. Vamos a analizar cada una de estas tipologías.

Europa es la región con mayor implantación de puntos de entrega y recogida, también conocidos por las siglas PUDO, el acrónimo de *pick-up & drop-off,* de los se estima que existen alrededor de 380.000 en total y creciendo rápidamente. En cambio, su penetración es mucho menor en Estados Unidos, con unos 80.000 puntos.

Cuadro 6.4.
¿Qué es más ecológico, ir a recoger un paquete o que nos lo lleven a casa?

Como personas consumidoras conscientes de nuestra responsabilidad ante el medio ambiente, nos podemos hacer esta pregunta. Y la respuesta es: depende.

Depende en primer lugar en cómo nos desplacemos nosotros. Si para ir a recoger nuestro envío —pongamos un cepillo de dientes de 25 g de peso— nos desplazamos en nuestro vehículo que pesa 1.500 kg durante cinco kilómetros (ida y vuelta), generaremos 1,4 kg de CO_2. Si este mismo cepillo de dientes nos lo trae a casa una camioneta de 2.500 kg que reparte 50 paquetes en una ruta de reparto de 100 km debidamente planificada, nuestro envío habrá generado unos 0,73 kg de CO_2.[4]

---

[4] Cálculos basados en ratio de 280 g de CO_2 por km para automóviles y 365 g/km para camionetas circulando en medio urbano. Véase: Oliver y Wymann: Is-ecommerce-good-for-europe? (2020).

Las consignas automáticas

Son taquillas automatizadas de recogida de paquetería, también llamadas casillas de autoservicio o, en inglés, *lockers*. Normalmente, la persona destinataria recibe un código en su teléfono que le permitirá retirar el envío. Se acostumbran a instalar en lugares fácilmente accesibles para un amplio número de personas, como estaciones ferroviarias y de transporte urbano, centros comerciales u otras zonas de intenso movimiento de personas. También se encuentran en lugares a los que se puede acceder en automóvil, como gasolineras o zonas de

Si el transportista deposita cinco paquetes en un PUDO, la emisión será de 0,14kg de CO_2 por paquete. Y si nosotros nos desplazamos a pie o en bicicleta para recoger nuestro cepillo de dientes no generamos CO_2 alguno. Pero si vamos en automóvil al PUDO, el CO_2 generado serán 1,54 kg (1,4+0,14).

Esto nos lleva a la primera conclusión: desde un punto de vista ambiental, los puntos de recogida son más ecológicos solo si están en emplazamientos que evitan que la persona destinataria vaya en automóvil a recoger los productos. Otra cosa es que estén en emplazamientos por los que pasamos habitualmente, por ejemplo, para ir al trabajo.

En segundo lugar, depende de la cesta de la compra. Si a través de internet compramos en un clic un cepillo de dientes, en otro clic el dentífrico y en otro clic un jabón facial, y cada clic genera una entrega diferente, el total serán 2,19 kg de CO_2 (0,73×3) por los tres paquetes que recibamos en casa. En cambio, si vamos en automóvil a un supermercado a comprar los tres productos en un único viaje de cinco kilómetros (ida y vuelta) generaremos 1,4 kg de CO_2 para los tres. Y cero gramos de CO_2 si vamos a pie o en bici a la tienda de la esquina. ∎

Figura 6.6. Consigna automática dedicada, en este caso, del propio
servicio de correos, en una estación del transporte urbano.

aparcamiento. En algunos casos incluso se instalan en comunidades de vecinos
o condominios.

Las consignas automatizadas pueden ser dedicadas, es decir utilizadas
solo por una empresa operadora, o neutras, abiertas a varias operadoras.
Las consignas dedicadas pueden estar controladas por una plataforma de
venta en línea, por ejemplo, las de grandes plataformas como Amazon o
AliExpress, o bien por un operador logístico o por el servicio nacional de
correos.

La fabricación de los puntos de entrega y recogida ha incorporado tecnologías que permiten soluciones modulares, e incluso con temperatura
controlada. Cuando estos puntos son neutros, su *software* puede ser inte-
roperable con el del operador logístico.

Las taquillas automatizadas ofrecen numerosas ventajas:

Figura 6.7. Consigna automática para productos frescos
de alimentación en una gasolinera.

- Aumentan la eficiencia en el reparto, pues se pueden descargar diversos envíos en un solo punto.
- Se evitan las entregas fallidas.
- La persona destinataria puede recoger el envío a su conveniencia durante las 24 horas del día y sin necesidad de concertar una cita con la empresa repartidora.
- Hay mayor control de la trazabilidad y la confirmación de la entrega.
- Se asegura el anonimato, pues ni la repartidora, ni la destinataria, ni el vecindario tienen contacto alguno.

Entre los posibles inconvenientes, se pueden mencionar el mayor riesgo de robos y vandalismo según dónde se instalen, lo que significa que normalmente se busquen emplazamientos con algún tipo de supervisión, o la rigidez de su capacidad, lo que implica que puedan no dar abasto en épocas pico como campañas navideñas, pero estar infrautilizada en épocas valle.

La instalación de taquillas automatizadas está creciendo rápidamente en Europa y empiezan a ser una realidad cotidiana en algunos países de América Latina, como Argentina o Brasil.

Los establecimientos concertados

Se trata de establecimientos concertados con uno o varias operadoras logísticas para que puedan funcionar como punto de recogida, de entrega o de ambas cosas a la vez. Pueden hallarse en pequeños establecimientos comerciales, como gasolineras, tiendas de conveniencia, quioscos, etc. El establecimiento debe haber pasado un proceso de acreditación por parte de la operadora para asegurar que puede garantizar sus estándares de servicio y trazabilidad, así como manejar su sistema de gestión de envíos. El establecimiento recibe una pequeña remuneración a cambio de su gestión, pero, como contrapartida, atrae nuevos clientes a su local, lo que puede estimular ventas adicionales.

A diferencia de las taquillas automatizadas, estos establecimientos raramente funcionan durante las 24 horas del día. Pero, como elemento positivo, pueden ser una opción más barata que instalar y mantener una consigna automática, al tiempo que disponen de mayor flexibilidad ante las fluctuaciones del volumen de envíos.

Para las empresas operadoras, este sistema implica mayores riesgos e incertidumbres en términos de garantía de servicio, trazabilidad y responsabilidades en caso de robo o daños. Para los establecimientos supone mayores complejidades y responsabilidades en su actividad diaria, normalmente a cambio de unos ingresos pequeños.

Figura 6.8. Establecimiento concertado para entrega de paquetes.

La compra en línea y recogida en tienda

Se trata de una modalidad de distribución comercial, también conocida como *click & collect,* que permite adquirir un producto por el canal en línea de un establecimiento o cadena comercial y recogerlo en el mismo establecimiento físico u otro de la misma cadena. Se trata de una práctica específica dentro del proceso de omnicanalidad descrito en páginas anteriores.

Este modo de comercialización permite que la clientela vea o pruebe el producto comprado y que, eventualmente, pueda devolverlo o cambiarlo sin que este haya salido del establecimiento comercial. Para la empresa vendedora se reducen los costos de envío y se minimizan las entregas fallidas. Además, la visita del cliente es una oportunidad de generar confianza y nuevas ventas.

Figura 6.9. Zona habilitada para la recogida de compra en línea
(click & collect) de un supermercado.

Esta modalidad se ha extendido a cualquier rama comercial, incluso en supermercados o grandes superficies, que ofrecen la recogida de los productos adquiridos sin bajar del automóvil. La recogida de la compra también se puede ofrecer a través de taquillas automatizadas, lo que aumenta la conveniencia para el cliente que no está limitado por el horario comercial.

Red de establecimientos propios

Finalmente, los operadores de última milla pueden optar por establecer una red de establecimientos propios, en propiedad o en franquicia, para concentrar entregas y envíos. Los centros propios aseguran plena trazabilidad y mantenimiento de los estándares de servicio sin depender de terceras partes. Un ejemplo cásico son las oficinas de los servicios de correos, que cada vez más se han convertido en puntos de entrega y recogida de paquetería.

Buzones para paquetes en las viviendas

Cuando las escaleras vecinales disponen de alguna persona que atiende la portería, la recepción de paquetes no es un problema. Sin embargo, una gran mayoría de edificios están equipados con porteros automáticos y los buzones cuentan con una estrecha ranura como única apertura, inapropiada para recibir paquetes. Lógicamente, se pueden fabricar buzones con ranuras mayores, pero requieren más espacio, permiten que los paquetes puedan ser extraídos por personas diferentes a las destinatarias y no darían confirmación de la recepción.

Para resolver estos inconvenientes, existen en el mercado consignas automáticas de pequeñas dimensiones, adaptadas a las necesidades de una comunidad de vecinos. Aunque su implantación sea aún incipiente, podrían tener recorrido en el futuro. Una de las barreras es que su instalación requiere el acuerdo de la comunidad de propietarios. Otra también es que, si se instala en el interior del portal de entrada, exige que alguna persona abra la puerta de todas maneras, y que si está fuera en el exterior del edificio queda expuesta a robos y vandalismo. Algunas municipalidades están considerando exigir este tipo de instalaciones en nuevas promociones con gran número de viviendas.

Cómo fomentar los puntos de entrega y recogida

A pesar de que los puntos de entrega y recogida mejoran la eficiencia en la última milla y la movilidad en las ciudades, la inmensa mayoría de las entregas de comercio electrónico B2C aún se realiza a domicilio. Por ejemplo, en la ciudad de Barcelona solo el 15 % de las entregas se realizaba en puntos de entrega y recogida en 2021. ¿Por qué motivos?

En primer lugar, está el comportamiento de las personas consumidoras finales, que siguen optando por la entrega a domicilio, o cada vez más a menudo en su lugar de trabajo. El problema de fondo radica en la gran competencia que existe entre las operadoras de última milla, de un lado, y entre las plataformas de comercio electrónico, de otro. Este hecho ha

Figura 6.10. Con el crecimiento del comercio electrónico se hace necesario habilitar más puntos de entrega y recogida en lugares seguros y fácilmente accesibles, como este CityPaq situado en un centro comercial, en el vestíbulo de entrada a un supermercado.

distorsionado la percepción del costo del transporte hasta el domicilio por parte de la clientela, que da por descontado que el precio a pagar por la entrega a su domicilio debe ser cero o casi cero, especialmente a partir de un cierto umbral de compra. Y que este umbral debe ser cada vez más bajo. Sin embargo, esta percepción puede estar cambiando y cada vez se valora más que la empresa vendedora ofrezca diversas modalidades de entrega, incluidos los puntos de entrega y recogida.

En segundo lugar, cabe decir que en muchas ocasiones la opción de entrega en un punto de entrega no aparece por defecto en el momento de realizar la compra. Al contrario, puede ser una opción difícil de encontrar y que exija varios clics adicionales.

Algunos operadores y plataformas de comercio en línea están empezando a ofrecer ventajas y descuentos para estimular la recogida en puntos de entrega. Por su parte, algunas municipalidades han planteado hacer pagar por las entregas a domicilio. Habrá que ver hasta qué punto estas medidas son capaces de modificar las preferencias de las personas consumidoras.

Por último, la operatividad de los puntos de entrega y recogida se ve constreñida por la dificultad de hacer crecer la oferta al ritmo del crecimiento de la demanda de comercio electrónico. Por ejemplo, se estima que en la ciudad de Barcelona se produjeron alrededor de 100.000 entregas diarias de comercio electrónico a domicilio en 2020. Si se quisiera que la mitad se realizaran en puntos de entrega y recogida, y calculando que cada uno de ellos pudiera manejar veinte envíos por día (sin contar devoluciones), harían falta como mínimo 2.500 puntos. Un gran crecimiento respecto a los 670 puntos operativos que se contabilizaron en ese momento. ¿Dónde ubicar estos casi 2.000 puntos adicionales que se requerirían solo para pasar de una cuota del 15 al 50 %? Parece obvio que estamos ante una importante oportunidad de desarrollo de estos puntos de logística urbana y también ante un reto para identificar y habilitar espacios donde ubicarlos.

Las entregas rápidas

La venta de productos por el canal en línea con entrega a domicilio en un corto periodo de tiempo, normalmente en torno a los 30 minutos, es una modalidad comercial que ha tenido una fuerte implantación en los centros urbanos. También se conoce por las expresiones, en inglés, *delivery* o *quick commerce.* Hay dos tipologías de mercados principales: las comidas preparadas y los productos de consumo general. Y en cada uno de estos mercados hay tres tipos principales de modelo comercial, con distintas hibridaciones:

- El restaurante o el comercio organiza directamente las entregas a domicilio, ya sea con medios propios o subcontratando el transporte. Este modelo es el menos habitual pues requiere que el comercio disponga de una app para gestionar los pedidos, algo que hasta hace poco solo era factible para grandes establecimientos y cadenas, aunque hoy ya existen algunas aplicaciones tipo *marketplace* que ofrecen esta posibilidad a pequeños establecimientos. Una versión menos sofisticada pero aún corriente en algunos contextos es que el establecimiento reciba los pedidos por teléfono o mensajería electrónica y los remita a la clientela con la moto de una persona de la familia o de la propia plantilla.

- El restaurante o el comercio, con venta al público, añade el canal en línea a través de plataformas que ofrecen la gestión de los pedidos y su envío a los clientes. Algunos ejemplos son Glovo, Uber Eats, Rappi, iFood, Cornershop o Pedidos Ya. Normalmente, la actividad comercial se basa en cobrar un porcentaje a la empresa vendedora, y más raramente, también puede cobrar un precio de servicio a quien realiza la compra. La entrega a domicilio permite incrementar el volumen de ventas del establecimiento, atendiendo tanto a la clientela presencial como a la que prefiere consumir en su domicilio. Esto es atractivo para el establecimiento, pero no está exento de algunos retos como la compatibilidad de los dos canales en el mismo espacio físico. No es raro ver restaurantes cuya entrada está repleta de motos y bicicletas de reparto en espera de pedidos a servir. Seguro que el lector se ha exasperado alguna vez esperando que le traigan su pizza a la mesa, mientras veía como salen pizzas del horno destinadas a envíos, sin dar abasto para servir a las mesas. En definitiva, jugar en los dos campos puede perjudicar la experiencia del cliente. Y para el establecimiento, la comisión que cobra la plataforma de distribución reduce su margen. Esto nos lleva al tercer modelo.

- El restaurante o el comercio no vende al público y distribuye exclusivamente mediante el canal en línea. Es lo que se denomina supermercados y cocinas «fantasma» (*dark store* y *dark kitchen,* respectivamente). Hay varias plataformas especializadas en este servicio como Getir, Gorillas, Delivery Hero o Gopuff, entre otras. También hay cocinas individuales pero que solo sirven a través de plataformas tipo Glovo, Uber Eats, Rappi, etc. Los supermercados y las cocinas fantasma experimentaron un rápido crecimiento durante la pandemia por covid-19, cuando muchos establecimientos tuvieron que cerrar la venta al público por imperativo sanitario y la única manera de continuar su actividad era con el envío a domicilio. Algunos de los establecimientos situados en emplazamientos menos atractivos para el público continuaron en modo «fantasma» una vez superada la pandemia.

Este modelo resuelve dos de los problemas expuestos en el caso anterior: elimina las fricciones entre el servicio presencial y el canal en línea, y mantiene los márgenes, pues lo que se gasta en personal de reparto se ahorra en personal de sala. Lo que no siempre resuelve son las molestias al vecindario y su relación con las autoridades. La pregunta clave es: ¿estos establecimientos son supermercados y restaurantes, o son almacenes de distribución y cocinas industriales? Tratándose de

Figura 6.11. Ejemplo de «supermercado fantasma».

un fenómeno nuevo, según la interpretación que den las autoridades podrá permitirse su operación en entornos residenciales o no. Si se considera que son más bien actividades industriales y deben situarse en zonas no residenciales, quizás ya no se pueda garantizar la entrega en 30 minutos. En muchas ciudades, las autoridades están bajo presión vecinal por las molestias que generan estos establecimientos y tienden hacia interpretaciones restrictivas.

Pero la industria también está reaccionando a estos retos. En algunos casos el diseño de estos establecimientos fantasma incluye zonas internas de estacionamiento y espera de los vehículos de reparto, para que no se acumulen en la calle. Otros optan por un modelo híbrido manteniendo la opción de compra en el establecimiento físico, al tiempo que mantienen el canal en línea.

Las entregas rápidas, en cualquiera de sus formas, afrontan dos grandes desafíos: su modelo de contratación de personal y la dimensión del mercado.

- Comencemos por el primer desafío. En la mayoría de las plataformas de este modelo de negocio, pero no en todas, el personal de reparto trabaja de forma no estable, normalmente mediante el pago por número de envíos. Esto deriva en una gran precariedad laboral y también en conducción irresponsable para realizar el máximo de envíos en ventanas de tiempo muy ajustadas. En muchos países hay iniciativas sindicales y gubernativas para modificar este modelo. Incluso en Estados Unidos, el ayuntamiento de Nueva York estableció, en junio de 2023, un sueldo mínimo obligatorio para remunerar el reparto de comida a domicilio.

- El segundo reto es de mercado. La entrega a domicilio ya existía mucho antes de la pandemia, pero creció exponencialmente durante los confinamientos y las cuarentenas. Algunas empresas de nueva creación apostaron fuerte por un mercado que seguiría creciendo hasta alcanzar unas dimensiones que, acabada la pandemia, no se ha materializado. O, al menos, no en todas partes. Mientras que en algunos países de Asia, Norteamérica y Sudamérica el sector del *delivery* mantiene buena salud, en muchos países de Europa el mercado parece desinflarse.

Se podría decir que el mercado de la entrega a domicilio está determinado por dos factores fundamentales: la morfología urbana y los hábitos de consumo. Respecto a la morfología urbana, la entrega a domicilio gana atractivo en ciudades extensas y entornos suburbanos donde no es fácil encontrar una amplia oferta de establecimientos a distancia caminable, por esto es mejor que te lo lleven a casa. Esto pasa en muchas ciudades de Norteamérica y Sudamérica, pero no tanto en Europa. Respecto a los hábitos de consumo, se observa como en algunos países la compra de comida preparada está mucho más extendida que en otros, incluso antes de la pandemia y de que aparecieran las app. Esto independientemente de la morfología urbana. Así en ciudades densas de Asia la entrega a domicilio florece, mientras que en ciudades densas de Europa la actividad flojea. Se diría que las plataformas especializadas simplemente están añadiendo conveniencia a hábitos preexistentes. Por último, hay una componente generacional también muy importante. Para las generaciones más jóvenes, los hábitos tradicionales de compra en el supermercado y preparación de alimentos en la cocina están menos consolidados.

En conclusión, la entrega a domicilio aparece, en el momento de escribir este libro, como un subsector en proceso de transformación, de consolidación del mercado, de ajuste de expectativas y de absorción de impactos regulatorios. Pero las bases de la actividad y su proposición de valor siguen siendo atractivos para un segmento importante y quizás creciente de la población. En definitiva, hay partido y hay oportunidades.

La ciclologística

Las bicicletas y los triciclos de carga, a los que denominaremos genéricamente *ciclos,* se han convertido en un icono de la logística urbana moderna y sostenible. En Europa, el transporte de mercancías en bicicleta prácticamente desapareció hace cincuenta años y ha reaparecido en paralelo a la mayor concienciación ambiental y a los problemas de congestión urbana. En América Latina y en otras regiones menos desarrolladas, la bicicleta ha seguido manteniéndose como una opción de transporte asequible para los estratos sociales de menos recursos y para algunas profesiones, como las dedicadas a reparaciones y mantenimiento, jardinería, mensajería o entregas a domicilio.

Sin duda, los ciclos son una alternativa ecológica y saludable para la movilidad urbana y merecen todo el apoyo para ampliar su uso de manera segura. Una de sus principales ventajas es que pueden realizar repartos en zonas y horarios prohibidos para los vehículos motorizados. Y hacerlo con menores molestias para viandantes y con cero emisiones contaminantes.

Figura 6.12. Servicio de entrega en bicicleta desde una farmacia.

Los ciclos sirven principalmente para la distribución de mercancías pequeñas, de poco peso, en rutas relativamente cortas y preferiblemente con escasas pendientes. Hoy en día el mercado está produciendo una enorme variedad de vehículos: con o sin asistencia eléctrica; con caja delantera, trasera o ambas; con dos, tres o cuatro ruedas; con o sin remolque. Con ello se permite dar respuesta a operativas logísticas de lo más variadas, incluyendo cadena de frío o mercancías paletizadas y capacidades de carga de más de 200 kg.

El desarrollo de la ciclologística aplicada a la última milla tiene todo el viento a favor, pero también afronta algunos retos importantes. Vamos a explicarlos.

La regulación de su operativa en las ciudades

Cuando las bicicletas y triciclos de carga eran una anécdota, nadie pensó en cómo regularlos. Cuando dejan de serlo y se cuentan por centenares, las autoridades no pueden seguir mirando hacia otro lado. La falta de regulación, es decir de normas claras, provoca que este sector esté trabajando a menudo en limbos legales. Esto no facilita la consolidación de esta actividad ni su escalabilidad ante riesgos regulatorios importantes. Estamos hablando de cuestiones tales como:

- **¿Qué modelos de vehículos pueden circular?** De la misma manera que los automóviles, camiones o motocicletas deben disponer de unas certificaciones técnicas conforme cumplen los requisitos de dimensión y peso autorizado, luces, señalización o condiciones de seguridad, parece razonable que ciclos con capacidad de carga significativa y asistencia eléctrica también cumplan un mínimo de condiciones. Aquí aparecen problemas competenciales respecto a quién debe regular esto: ¿el gobierno nacional, como normalmente pasa con los automóviles y los camiones, o el municipio, pues el radio de operación raramente sale de su perímetro?

Por ejemplo, hasta principios de 2023, en España no estaban autorizados los ciclos de carga con remolque. Había algunos, pero operaban con el riesgo de que en cualquier momento un policía municipal les diera la orden de no circular. Esto mantenía en la incertidumbre a empresas que deseaban incorporar modelos de ciclos con remolque que ya existían en el mercado. Al cabo de unas cuantas reuniones el tema se solucionó. Este ejemplo ilustra cómo la letra pequeña, o la falta de esta, puede estar condicionando una actividad que todos consideramos como deseable.

- **¿Por dónde pueden circular y operar?** ¿Deben circular exclusivamente por las ciclovías, también por los carriles de circulación, o por las aceras? Atención con las ciclovías: la mayoría se han diseñado

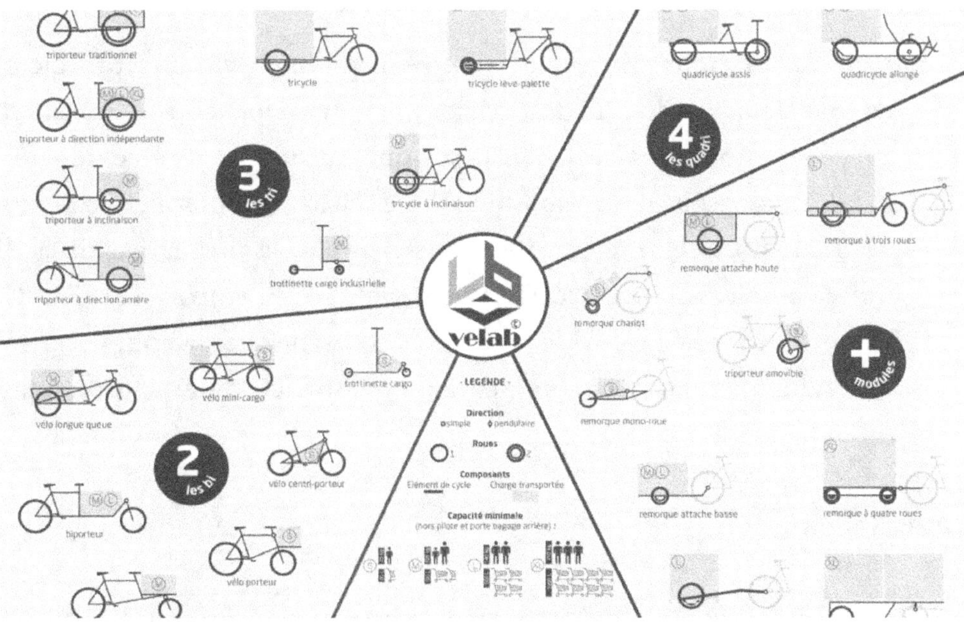

Figura 6.13. Variedad de tipologías de ciclos de carga.

con anchura para ciclos de dos ruedas, no para triciclos y cuatriciclos de carga mucho más anchos. ¿Dónde deben estacionar para realizar la carga y descarga, en la calle, en la acera, en las zonas de carga y descarga? De nuevo atención: una bicicleta de dos ruedas puede subir fácilmente el bordillo de una acera, pero un triciclo con carga pesada o un remolque quizás no puedan.

- **¿Cómo deben operar?** ¿Se requiere que el personal conductor disponga de algún tipo de carné que garantice que conoce las normas de circulación y de operación segura? ¿Deben los ciclos estar registrados o matriculados de manera análoga que automóviles o motocicletas? Si no disponen de matrícula, ¿cómo se pueden multar los comportamientos irresponsables? ¿Deben disponer de un seguro obligatorio que cubra los daños a terceros? Si deben disponer de seguro, las compañías van a exigir una matriculación o un registro para individualizar cada uno de los vehículos cubiertos por una póliza.

- **¿Qué es un ciclo?** En el momento en que bajo el concepto ciclo hay bicicletas de dos ruedas, triciclos, cuatriciclos, con remolque o sin, con motor eléctrico y con pesos que pueden llegar a centenares de kilos, la pregunta es ¿dónde acaba el ciclo y empieza el vehículo eléctrico? En la Unión Europea, por ejemplo, la normativa sitúa el límite en una asistencia eléctrica de hasta 250 Wt y una velocidad de 25 km/h. Más allá de esto se requiere permiso de circulación, permiso de conducir y matrícula como para una motocicleta o un automóvil.

La rentabilidad

Los costos operativos de los ciclos de carga son menores que los de las furgonetas de reparto porque el costo de adquisición del vehículo normalmente es menor y porque no hay consumo de combustible, excepto en el caso de asistencia eléctrica, pero aun así sigue siendo muy bajo en comparación con los motores de combustión interna. Los costos de mantenimiento también son menores, así como las cargas tributarias y los seguros.

Pero como su capacidad de carga es menor que una furgoneta, aunque el costo operativo sea más bajo, su repercusión sobre cada unidad de carga es mayor. Y hay que añadir una ruptura de carga y manipulación adicional en un centro de consolidación urbana o en una microplataforma que también repercute en el costo. Estas circunstancias impactan de manera significativa en la rentabilidad de la ciclologística. El ejemplo del caso de estudio del cuadro 6.5 ilustra estos problemas.

El modelo empresarial descrito en el caso de estudio es bastante habitual en Europa: empresas de tipo cooperativo o de economía social y oferta de una cartera de servicios que compensen la escasa o nula rentabilidad de la actividad logística.

Es fácil entender que, si la actividad estrictamente logística es escasamente rentable y necesita de financiación cruzada de otras actividades, ninguna empresa, ni que sea cooperativa, tiene incentivos para escalar esta actividad, puesto que cuanto más crezca, más perderá. ¿Cómo se resuelve este problema? Imaginamos tres posibles vías:

- Aumentar la eficiencia operativa. La introducción de vehículos de mayor capacidad de carga y asistencia eléctrica ayuda en esta dirección.
- Regulaciones que penalicen opciones alternativas como los vehículos de combustión interna o incluso eléctricos a partir de un determinado tamaño.
- Líneas de financiación estructural. Muchas iniciativas de ciclologística nacieron con apoyo público (como el caso de la iniciativa mencionada en el cuadro 6.1), pero se trató de subvenciones puntuales, sin continuidad. Si la colectividad asume que la ciclologística es buena para

Cuadro 6.5.
Caso de estudio. Las cuentas de una empresa de ciclologística

CargoBikes[5] es una empresa cooperativa, es decir sus empleados son socios, que opera en Bélgica. Según su memoria de actividades, en 2021 distribuyó 115.000 paquetes y se recorrieron 80.000 km. Esto significa que cada repartidor distribuyó un promedio de 28,75 paquetes diarios y recorrió 20 km.

La cooperativa facturó casi un millón de euros, pero de estos solo un 53 % correspondían a la actividad de reparto de paquetería. El resto correspondía a servicios de consultoría, formación, venta de material para ciclologística y mantenimiento del mismo. El ingreso por paquete fue de 4,4 €.

CargoBikes no publica detalle de los costos asociados a sus distintas líneas de negocio. ¡No son excepción; ninguna empresa lo hace para no dar pistas a sus competidoras! Para ello hemos de acudir a otras fuentes, en concreto un estudio sobre el modelo de negocio de la ciclologística en el mismo país donde opera CargoBikes. Sobre la base de esta fuente indirecta, estimamos que los costos por paquete estuvieron alrededor de 6,6 €. Es decir, que perdió 2,2 € por paquete entregado, lo que supone que su línea de logística perdiese casi un cuarto de millón de euros, la mitad de sus ingresos. Hemos de entender que esto lo compensa con los márgenes que le generan las otras líneas de actividad descritas. ∎

---

[5] Se trata de un nombre inventado. El caso se construye a partir de informaciones publicadas por una empresa real y de los resultados del trabajo de Jochem Maes: *The potential of cargo bicycle transport as a sustainable solution for urban logistics.* Universidad de Amberes, 2017.

la ciudad y para el medio ambiente, sería razonable que recibiera una financiación recurrente obtenida de tasas sobre actividades que generan externalidades negativas sobre la ciudad y el medio ambiente, como peajes urbanos, tasas sobre entrega domiciliaria de paquetes, etc.

Cabe prever que en los próximos años se va a avanzar en estas tres vías, por lo que posiblemente la ciclologística pueda convertirse en un subsector consolidado y rentable.

Lamentablemente hay otra vía para resolver el problema de la rentabilidad de la ciclologística, que es precarizar a quien la realiza. En el caso del estudio descrito, como en la mayoría de empresas dedicadas a la ciclologística en Europa, las condiciones laborales son razonables e incluso buenas al tratarse de empresas con vocación social. No obstante, el riesgo de precarización existe y puede darse en contextos con amplios colectivos sociales desfavorecidos y mayor peso de la economía informal.

Captar personal

El tercer gran reto de la ciclologística es la captación de personal. Por un lado, es cierto que se trata de una actividad que ofrece oportunidades a personas de escasa cualificación o interesadas en trabajo a tiempo parcial (por ejemplo, estudiantes), y a personas con motivaciones ecológicas y sociales. Pero, por otro lado, no debemos olvidar la penosidad de la actividad. Aunque esto haya mejorado mucho con los ciclos con asistencia eléctrica, sigue siendo una actividad ingrata en condiciones meteorológicas adversas. Además, el recorrido profesional es limitado y potencialmente condicionado a la edad y a las capacidades físicas. Esto último se puede compensar trasladando el personal más veterano a actividades complementarias, como funciones comerciales, formativas o de mantenimiento, por ejemplo.

Figura 6.14. Algunos ejemplos de ciclos de carga; en algún caso, incluso para el transporte de productos frescos que requieran temperatura controlada.

Oportunidades

A pesar de los retos mencionados, pensamos que la ciclologística tiene el viento a favor: es consustancial a la operativa de los centros de consolidación urbana y las microplataformas; la industria está fabricando modelos cada vez más variados y eficientes, que requieren menor esfuerzo, y adaptados a los nichos más variados de la última milla; el marco regulatorio lo favorece… Si en un principio parecía que solo funcionaría en el último segmento de cadenas B2C, hoy ya se emplea en cadenas B2B.

El recorrido potencial de crecimiento es muy amplio. Pongamos el caso de Barcelona. A principios de 2023 había alrededor de cien ciclos de carga registrados (no incluía bicicletas cuyo conductor lleva la carga en una mochila). Y entraban en la ciudad diariamente más de 200.000 vehículos comerciales livianos. Solo que un 1 % de estos pudieran realizar la última milla con ciclos, y calculando una ratio de dos ciclos necesarios para transportar la carga de un vehículo comercial liviano, estaríamos hablando de 4.000 ciclos.

Las plataformas de comercio electrónico

El auge del comercio electrónico está impactando en el comercio tradicional de proximidad. Como respuesta aparecen algunas iniciativas para acercar la oferta de estos comercios al consumidor digital. Se trata de facilitar que comercios de una ciudad, de un eje o zona comercial, o de un mercado puedan ofrecer sus productos en una plataforma de comercio electrónico *(marketplace)* que gestione los pedidos, los pagos y el transporte hasta el domicilio de la persona destinataria o hasta un punto de entrega, automatizado o no.

El inventor de este tipo de plataformas fue Amazon al crear una dedicada a canalizar ventas de terceras partes. Siguiendo el mismo principio de Amazon, otras empresas, así como asociaciones de comerciantes con mayor o menor apoyo público, también se han lanzado a crear sus propias plataformas. En Francia, por ejemplo, Ollca ofrece servicio en más de 90 ciudades del país. En España los mercados municipales de Madrid y Barcelona disponen de plataformas que incluyen taquillas automáticas con temperatura controlada para recoger productos frescos. En Argentina funciona Tiendanube.

Las plataforma de comercio electrónico permite al comercio tradicional acceder a personas de la generación digital o con horarios incompatibles con los horarios comerciales. Cuando se facilita la compra en línea y la recogida en tienda se genera la oportunidad de visita del cliente al establecimiento y de ventas complementarias. Muchas de estas plataformas trabajan con empresas de ciclologística para sus envíos.

Hay que decir también que la gerencia de muchos establecimientos es reticente a unirse a estas plataformas. Primero por desconocimiento y apriorismos, pero también porque tener actualizada la oferta de productos en la plataforma es un trabajo constante que absorbe muchas horas. Y si la oferta no está actualizada, es decir que aparece a la venta un producto del que no se tienen existencias, la experiencia del cliente será nefasta y seguramente no querrá repetirla.

Una versión más sencilla de las plataformas de comercio electrónico son comercios que anuncian sus productos en redes sociales y gestionan pedidos y pagos mediante aplicaciones móviles. Todo esto está generando flujos B2C impensables hace unos años, cuando la única forma de comprar en la tienda de la esquina era ir hasta allí. Hoy ya puede haber diversas formas de comprar en esa misma tienda.

El consumo responsable

Cada vez más personas aplican principios de responsabilidad social o ambiental en sus decisiones de compra. Esto está generando nuevas formas de consumir y de mover los productos, a veces recuperando prácticas que habían sido habituales en el pasado y que se perdieron con la industrialización y la masificación de las cadenas de suministro. Pondremos algunos ejemplos.

Los circuitos de segunda mano. Muchas personas están dispuestas a dar una segunda vida a sus productos, como ropa o muebles, por ejemplo, vendiéndolos directamente (canal C2C), o bien regalándolos a entidades sociales. Y las mismas personas están encantadas de adquirir productos de segunda mano. Esto requiere plataformas de triaje, limpieza, reparación, etiquetaje y almacenamiento de productos de segunda mano. Es decir, unas funciones logísticas nuevas en el segmento de ropa o muebles.

De manera parecida, el problema de las devoluciones de compras realizadas en línea ha estimulado la imaginación de las empresas operadoras. Algunas de ellas, como Veepee, están gestionando la operativa de modo que las devoluciones ya no pasen por el almacén, sino que se reenvíen directamente a otra persona interesada.

Grandes cadenas minoristas, como Ikea, ya han abierto secciones de segunda mano en sus tiendas donde se ponen a la venta a precio reducido tanto devoluciones como productos cuyos propietarios desean que tengan una segunda vida.

Los circuitos de km0. Las cadenas logísticas de la gran distribución están diseñadas para consolidar grandes volúmenes en unas pocas plataformas y distribuirlas a amplias redes de establecimientos. Ello significa que a menudo es más fácil comprar una lechuga producida a 500 km que una producida a 15 km de nuestro domicilio, con lo cual la huella de carbono de esa lechuga es innecesariamente grande. También significa que productores y variedades locales quedan fuera de los grandes circuitos de distribución.

Figura 6.15. Los productos de proximidad generan una huella de carbono baja, algo que cada vez es más valorado en la decisión de compra.

Cada vez más personas son sensibles a esta situación y algunas cadenas de distribución introducen canales complementarios de aprovisionamiento de kilómetro cero (km0) para satisfacer estas demandas. Pero más interesante es cómo aparecen nuevos modelos de actividad comercial que unen la producción de proximidad con el consumo local, ya sea mediante canal en línea, físico o ambos.

En otros casos solo se trata de que las administraciones públicas tomen iniciativas para reactivar algunos canales de comercialización tradicionales, como los mercados de abastos o los que se realizan al aire libre unos días a la semana.

Los nuevos tipos de vehículos

Algunas de las innovaciones más espectaculares para la última milla tienen que ver con nuevos tipos de vehículos. Vale la pena analizarlo específicamente porque en la medida en que estos nuevos vehículos circulen por el espacio público (las calles, las aceras o el espacio aéreo), su viabilidad no solo depende de la tecnología o de la economía, sino también de las regulaciones que permitan su uso y en qué circunstancias.

Clasificamos estos nuevos vehículos en tres categorías: los vehículos de movilidad personal (VMP), los vehículos autónomos de superficie (bots) y los vehículos autónomos aéreos (UAV).

Los vehículos de movilidad personal

Los VPM son cualquier tipo de vehículo de tracción exclusivamente mecánica (lo que excluye a los ciclos), normalmente eléctrica, que se usan habitual-

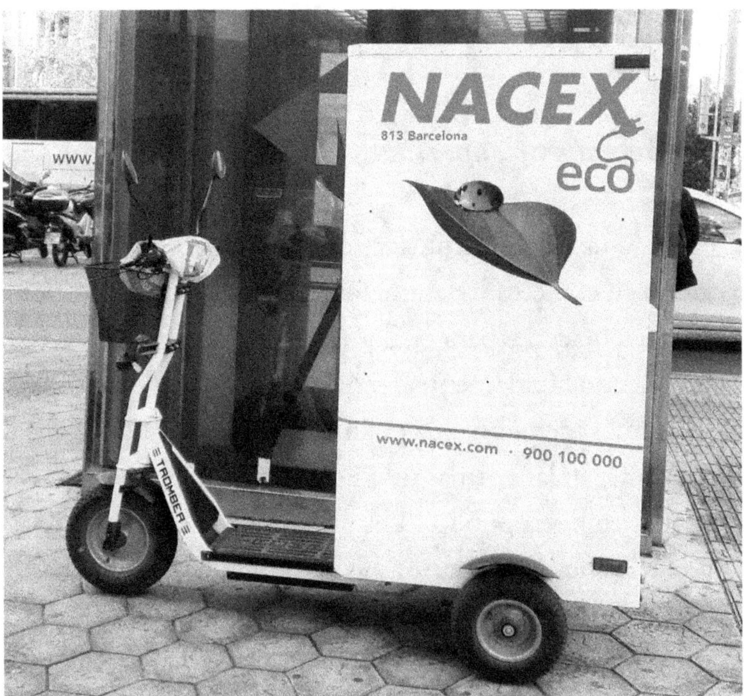

Figura 6.16. Vehículo de movilidad personal (VMP) de carga.

mente para transportar a una sola persona, y que no asimilables a otro tipo de vehículos ya homologados, como ciclomotores, motocicletas y automóviles. En esta categoría caben multitud de vehículos, desde patinetes eléctricos en los que la carga está en la mochila que lleva su conductor, a motocarros eléctricos que incorporan cajas para carga de dimensiones considerables.

Su uso en la distribución urbana de mercancías está en expansión en muchos países y ello ha abierto dudas sobre aspectos como su registro o matriculación, obligatoriedad de seguro, por dónde deben circular (¿por las aceras? ¿por las ciclovías? ¿por los carriles de circulación de automóviles?), dimensiones y cargas máximas autorizadas o la posibilidad de llevar remolque, por ejemplo.

Como se ha explicado anteriormente, ciclos y VMP coinciden en muchas características y ámbitos de aplicación. Parece razonable que cada vez vayan a ser más utilizados en el transporte de mercancías ligeras y en entregas domiciliarias.

Vehículos autónomos de superficie

En otra categoría están los vehículos autónomos, robots móviles o bots. Hay diversos modelos en el mercado y muchos otros en experimentación. La utilización de bots en almacenes para cualquier tipo de operación ya es una realidad que está creciendo rápidamente. La distribución de última milla mediante su uso es mucho más incipiente. Se están introduciendo bots en diversas ciudades a partir de microplataformas urbanas o bien directamente desde camionetas estacionadas en la vía pública. Los primeros estudios realizados apuntan a mejoras en la eficiencia y reducción de emisiones, especialmente frente a la misma operación hecha mediante vehículos a motor de combustión interna.

Aún es pronto para aventurar conclusiones sobre sus ventajas, inconvenientes y potencial de crecimiento. No obstante, sí que se pueden avanzar algunas primeras observaciones:

Figura 6.17. Ejemplo de vehículo autónomo de última milla.

- En la medida en que estos vehículos circulen por las aceras y no por los carriles de automóviles, el factor seguridad va a ser clave. En este sentido, su uso en áreas centrales y horas pico, cuando las aceras están ya muy concurridas de peatones, puede ser complicado. En cambio, su uso puede ser menos arriesgado en zonas u horas con baja densidad de viandantes, por ejemplo, en zonas residenciales o en horario nocturno.
- Parece más fácil su implementación en recintos privados o semiprivados, como campus universitarios, parques empresariales, centros comerciales, etc., que en espacios públicos donde las reticencias de los entes reguladores pueden ser mayores.
- El balance económico y ambiental dependerá según la alternativa con la que se compare. Como en todos los procesos de automatización, su rentabilidad depende del costo laboral del personal que sustituye. Así, por ejemplo, ante una alternativa como el reparto en bicicleta en países donde el costo laboral sea bajo, el reparto con bots no genera economías significativas.

Quizás no veamos ejércitos de bots circulando por nuestras calles, pero lo que sí es seguro es que los iremos viendo cada vez más a menudo en entornos específicos donde su operativa se demuestre segura y eficiente.

Drones

Los vehículos voladores autónomos (drones o UAV, en su acrónico en inglés) se presentan como la nueva frontera para ganar eficiencia en la distribución en entornos muy congestionados. Algunas ventajas de los drones son evidentes: se mueven en línea recta disminuyendo distancia y tiempo de desplazamiento. Pero por su propia naturaleza, la capacidad de carga es reducida. El uso de drones, especialmente para fines médicos (transporte de medicamentos, vacunas, muestras sanguíneas para analíticas, equipo para emergencias, órganos para trasplantes, etc.), está penetrando espe-

Figura 6.18. Dron sobrelovando una ciudad noruega.

cialmente en contextos geográficos de difícil accesibilidad terrestre, como zonas remotas o mal comunicadas, islas, etc. También se han empezado a usar en el interior de almacenes o de complejos industriales.

La utilización de drones de carga en contextos urbanos es mucho más incipiente, aunque en algunas grandes urbes asiáticas como Dubái o Singapur ya se estén usando.

La circulación de este tipo de vehículos en las ciudades se enfrenta a tres retos.

- Su regulación. Por un lado, está la certificación o autorización de los drones para poder operar. Esto es competencia de las autoridades de aviación civil de cada país. Sería como el equivalente a la matriculación de un automóvil, que le permitiría circular por las vías del país. En muchos países, la certificación y autorización de drones para usos comerciales ya es posible. Por otro lado, está la regulación de por dónde y en qué condiciones pueden circular estos drones. Sería el equivalente a la señalización de las calles y las carreteras. Es razonable pensar que el uso de drones sobre las ciudades estará doblemente regulado por la autoridad nacional de aviación civil y por las municipalidades. Y también es razonable pensar que las condiciones que se impongan serán restrictivas, por razones de seguridad, privacidad, ruido, ocupación del espacio público, etc.
- La aceptación por parte de la ciudadanía. El segundo reto, relacionado con el anterior, es de aceptabilidad social del uso masivo de drones sobre los cielos de las ciudades. Como muestra, solo la mitad de las personas encuestadas en diferentes países de Europa veían aceptable el uso de drones para transportar bienes más allá de fines médicos.[6]

---

[6] Fuente: *AiRMOUR: Public and stakeholder acceptance of Urban Air Mobility and its application for Emergency Medical Services*, 2022.

- Y el tercer reto es operativo. Para empezar, las condiciones impuestas para operar drones pueden condicionar mucho su viabilidad comercial. Las regulaciones en Europa requieren que exista un piloto con experiencia para operar drones más allá de su campo de visión. Tampoco pueden volar de noche ni cerca de los aeropuertos. A nivel técnico, se requieren puntos para despegue y aterrizaje o vertipuertos, pues se trata de vehículos de despegue y aterrizaje vertical (VTOL en inglés). Las características, ubicaciones y autorizaciones necesarias para los vertipuertos es un tema aún incipiente.

Por todo lo anterior, cabe considerar que el potencial de los drones para transportar mercancías en ciudades densas va a ser muy limitado en el futuro cercano excepto para usos médicos y algunas mercancías de alto valor y poco peso y volumen. Solo un 6 % de los ejecutivos europeos consideraban importante o muy importante el papel de los drones para la última milla en los próximos años.[7] No obstante, su potencial en otros entornos como ciudades extensas o lugares mal comunicados por tierra es evidente. No consideramos que los drones sustituyan a las personas que realizan labores de reparto de última milla, pero sí que habrá nichos de actividad donde serán cada vez más utilizados.

Las plataformas colaborativas de optimización de la capacidad de carga

Uno de los problemas estructurales de la DUM o última milla es la escasa optimización de la capacidad de carga de los vehículos. Una parte del problema

---

[7] Fuente: Miebach Consulting: *Urban Logistics concepts to promote sustainability and customer loyalty*, 2022.

Figura 6.19. La optimización de la carga también es importante en la distribución urbana. Este vehículo eléctrico aprovecha su capacidad de carga tanto en las entregas de productos como en su recuperación de los establecimientos.

es estructural: por definición, esta actividad implica distribuir mercancías a un número de puntos de entrega, pero raramente recoger mercancías de estos en su regreso. Por lo tanto, se sale lleno y se regresa vacío o, en el mejor caso, lleno de envases vacíos. Aun así, en muchos casos se sale de la base con la caja medio llena. Un estudio en Madrid descubrió que casi un 25 % de los vehículos iniciaba sus rutas con menos del 50 % de su capacidad de carga ocupada. Y un 60 % salía con una ocupación inferior al 75 % de la capacidad de carga.

En el transporte por carretera de larga distancia este problema se intenta paliar mediante tres estrategias:

- Ofrecer fletes más baratos en las rutas de retorno para incentivar la demanda.
- Triangular las rutas. Es decir, salgo cargado de A para descargar en B. Una vez en B, y para evitar volver de vacío, me desvío hasta C donde podré recoger carga con destino a A. Si el tramo B-C es más corto que el B-A, esto puede salir a cuenta. Como se puede desprender fácilmente, la triangulación es mucho más complicada en las rutas capilares, especialmente si hay múltiples puntos de entrega.
- Utilizar «bolsas de cargas». Se trata de plataformas digitales que ponen en contacto empresas cargadoras que buscan transporte con transportistas que buscan cargas. Entre este tipo de plataformas, las más consolidadas en Europa son Wtransnet, TimoCom o Teleroute y, en Estados Unidos, Cargomatic o Convoy. Las bolsas de cargas han encontrado dificultades para expandirse en el transporte de corta distancia. Algunas han desarrollado aplicaciones específicas para la distribución urbana de mercancías, pero con resultados mediocres.

Ya se ha dicho que una parte del problema es estructural derivado de flujos no equilibrados y alta capilaridad. Pero otra parte del problema no lo es tanto: son las reticencias de las operadoras logísticas a cooperar con otras compartiendo vehículos, sistemas y clientes.

Se han experimentado plataformas para mutualizar cargas en diversas ciudades como Vancouver o París con apoyo municipal. Se trataba que un agente neutro estableciera acuerdos entre múltiples empresas operadoras, cargadoras y establecimientos comerciales para compartir la capacidad de carga de los vehículos. El éxito de este tipo de acuerdos requiere:

- Que se establezca un marco de colaboración entre todas las empresas participantes. Facilita las cosas que estas no sean competidoras directas.
- Que las mercancías sean compatibles (por ejemplo, no mezclar productos químicos con alimentarios).

- Que se garanticen los estándares de servicio y de trazabilidad de los agentes que participan en la cadena de transporte.
- Que preferiblemente los periodos punta de los diferentes agentes no coincidan.

Los desafíos son importantes pero la lógica de la actividad subyacente sigue siendo válida: empresas transportistas interesadas por optimizar su capacidad de carga, cargadoras interesadas en servicios de transporte más baratos y municipalidades interesadas en reducir el número de vehículos circulando.

La descarbonización de flotas

Los compromisos mundiales de descarbonización de la economía inciden especialmente en el transporte. Muchos países han establecido fechas concretas a partir de las cuales ya no se podrán vender vehículos a motor de combustión interna. Y estas fechas se sitúan mayormente en el entorno de 2030-2035. Teniendo en cuenta la vida útil de los vehículos, se comprende que ya en estos momentos cualquier decisión de renovación de flota deberá plantearse pasar a combustibles alternativos. Las dos tecnologías principales son el vehículo eléctrico y el hidrógeno. Como alternativas provisionales a la plena descarbonización se plantean principalmente el gas, los biocombustibles y los vehículos híbridos.

Las alternativas provisionales

El gas natural vehicular se comercializa de dos formas: gas natural comprimido (GNC) que está en estado gaseoso a una presión de 200 bares y se utiliza principalmente en vehículos ligeros e industriales que hacen recorridos urbanos y periurbanos, y el gas natural licuado (GNL) que está a muchísima más presión para obtener el estado líquido y se utiliza prin-

Figura 6.20. Camión híbrido, en cuyo lateral se puede leer que
«no solo los vegetales son verdes».

cipalmente en camiones de largo recorrido. En principio, el gas natural vehicular es compatible con cualquier tipología de vehículos, tanto camiones ligeros y camionetas como vehículos de mayor tonelaje, y por tanto resulta apropiado en cualquier tipo de operación de distribución urbana de mercancías. Además, genera ahorros en el consumo significativos. No obstante, el gas, como cualquier otro combustible fósil, añade CO_2 a la atmósfera y por lo tanto contribuye al cambio climático. Lo que sí reduce son los contaminantes locales (NOx y MP). Cada vez se están desarrollando más las tecnologías para generar biogás, generalmente a partir de residuos, aunque su uso en el transporte es mínimo. En algunos países el uso del gas vehicular está muy extendido, por ejemplo en Italia, Argentina, Brasil o Colombia. Hace unos años se estuvo promoviendo el gas como paso intermedio hacia la descarbonización en diversos países de Europa. No obstante, su penetración ha sido minoritaria. Hoy diríamos que, excepto en países en los que hay una extensa red de suministro y de vehículos circulando, el gas es una tecnología con escaso recorrido.

Los biocombustibles provienen mayormente de residuos de aceites y de producción agrícola. Se producen en dos formas: el bioetanol y el biodiésel. En diversos países se impone por ley añadir biocombustibles a la gasolina o el diésel, siendo el líder mundial Brasil, y también en Estados Unidos, Alemania, Francia, Argentina o Colombia. Aunque su procedencia vegetal no supone una contribución neta de CO_2, el hecho de que mayormente provengan de agricultura intensiva y a menudo resultado de roturar selvas vírgenes mengua notablemente las credenciales ecológicas de este tipo de combustibles.

Los vehículos híbridos combinan un motor de combustión interna con un motor eléctrico. Los hay enchufables, es decir, que permiten recargar la batería, y no enchufables, en los que la batería se carga con la energía generada por la marcha, la aceleración y el frenado del vehículo. Algunos permiten seleccionar el momento en que utilizan el motor eléctrico (por ejemplo, en un recorrido urbano) y el motor de combustión interna (en un recorrido no urbano).

La oferta de vehículos livianos de carga híbridos es amplia y ya se está ampliando la oferta en camiones medios entre 12 y 26 t. Los vehículos híbridos permiten beneficiarse de ventajas en ciudades donde se han implantado restricciones ambientales para la circulación y de ahí su popularidad. Además, no tienen tantas restricciones de autonomía como los vehículos eléctricos.

Vehículos eléctricos

China y muy por detrás Europa son los dos grandes mercados de vehículos comerciales eléctricos en el mundo. En 2019 más del 60 % de la flota de vehículos eléctricos estaba en China, un 30 % en Europa y menos del 10 % en el resto del mundo. Pero en ningún caso los vehículos eléctricos superaban aún el 5 % de las flotas.

A pesar que su costo de adquisición sea más elevado que el de los vehículos a motor de combustión interna, si se tienen en cuenta los costos a lo largo de la vida útil del vehículo, estos ya son más equiparables o incluso más reducidos teniendo en cuenta los menores costos de combustible y de mantenimiento. Los vehículos eléctricos ofrecen además otras ventajas como la posibilidad de circular por áreas protegidas, zonas residenciales con restricciones de ruido e incluso interiores, incentivos y bonificaciones de las administraciones, y ofrecen una imagen positiva de la empresa.

Debido al peso de las baterías y a su autonomía, los vehículos eléctricos están mejor adaptados a la operativa urbana de última milla que al transporte de larga distancia. La autonomía de los vehículos comerciales livianos eléctricos se sitúa hoy por encima de los 200 km e incluso de los 300 km. Normalmente suficiente para una ruta de reparto urbana. Hay que tener en cuenta, no obstante que, si el vehículo requiere equipos de frío, la autonomía se reducirá.

Otro reto es la capacidad de carga limitada debido al peso de las baterías. Se estima que como mínimo un vehículo comercial liviano eléctrico pesa unos 500 kg más que su equivalente con motor de combustión. Esto significa que si su peso máximo autorizado son 3.500 kg, teóricamente pierde 500 kg de capacidad de carga. También podría significar que, si aumenta el peso máximo, se puede requerir un carné de conducir de vehículo pesado. Para evitar estos inconvenientes muchos países han revisado sus regulaciones de pesos y dimensiones máximas para no penalizar innecesariamente a los vehículos eléctricos. En el caso de España, por ejemplo, se permite añadir hasta 2.000 kg adicionales sin ninguna autorización especial.

Y un último reto es la necesidad de contar con infraestructuras de recarga. En el caso de operadores con flota propia, la recarga se realizará en la base de operaciones donde estacionan los vehículos cuando no están en uso. Se

Figura 6.21. Camión y camioneta eléctricos.

Cuadro 6.6.
¿Salen a cuenta los vehículos eléctricos en términos económicos y ambientales?

La respuesta es: depende.

En términos económicos saldrá más a cuenta allí donde la gasolina y el diésel estén más caros y la electricidad sea más barata. En términos ambientales, si la generación eléctrica tiene un alto componente renovable el impacto será muy positivo. En cambio, si la generación eléctrica se basa en los combustibles fósiles más contaminantes como el carbón, el impacto positivo se desvanece. Lógicamente lo uno y lo otro también dependerá de los tipos de vehículos en concreto.

Analicemos con detalle el aspecto ambiental. Hay que tener en cuenta el impacto a lo largo de todo el ciclo de vida del vehículo, es decir qué impacto ambiental ha tenido su fabricación y la obtención de las materias primas necesarias. También qué impacto ambiental tiene no solo el combustible que consume, sino también cómo se ha obtenido este combustible y cómo se ha transportado hasta el punto de suministro.

Así, un vehículo comercial liviano a motor diésel genera como promedio 240 gramos de CO_2 por km. Para un vehículo eléctrico, la emisión se reduciría a unos 150 gramos por km en la hipótesis que la electricidad se produce según el *mix* a escala mundial. Y si la producción de electricidad fuera 100 % de fuentes renovables se generarían solo unos 40 gramos de CO_2 por km.

Analicemos ahora el aspecto económico. Hemos de tener en cuenta no solo el costo del vehículo sino también el de combustible, el mantenimiento y, en el caso de los eléctricos, las baterías y los equipos de recarga que deberemos instalar.

Si el costo del combustible fósil es alto (1,5 dólares por litro) y circulamos 32.000 km al año, un vehículo a motor de combustión cuesta alrede-

Figura 6.22. *Tuk-tuk* eléctrico para pequeños envíos
que circula por una ciudad de Brasil.

dor de 0,33 dólares por km. Con el mismo kilometraje un vehículo eléctrico costaría entre 0,29 y 0,33 con la electricidad a 156 dólares por kWh y 0,27-0,29 con la electricidad a 95 dólares por kWh.

Estos datos salen de un informe[8] publicado en 2020 y con datos de 2018 y 2019. La conclusión es que en líneas generales el vehículo eléctrico no sale necesariamente más caro y, en cambio, el impacto ambiental es significativo a menos que la electricidad se produzca de la manera más sucia. Los precios de los combustibles fósiles y la electricidad han fluctuado mucho desde entonces. En todo caso cabe decir que las tecnologías del vehículo eléctrico están avanzando muy rápidamente y es probable que se alcancen eficiencias cada vez mayores. ∎

---

[8] International Transport Forum (ITF), "How urban delivery vehicles can boost electric mobility", *ITF Policy Papers*, No. 81, OECD Publishing, París, 2020.

entiende que en este caso se deberá afrontar una inversión en infraestructura de recarga.

¿Pero dónde recargan los miles de transportistas autónomos que no tienen otra base que su domicilio y estacionan su vehículo en la calle o en parqueaderos públicos? Excepto honrosas excepciones como Noruega o Países Bajos, la mayoría de países están muy atrasados en la instalación de infraestructura de recarga. Y este es probablemente el mayor desafío, el mayor obstáculo, para ampliar significativamente la cuota de vehículos eléctricos para usos comerciales. En el momento de escribir esta obra, el Parlamento Europeo aprobó una regulación sobre infraestructuras de recarga (AFIR) con el objetivo que dar respuesta a estas necesidades.

Hablando de movilidad eléctrica no se debe olvidar el segmento de las motocicletas, cuyo uso está muy extendido para actividades como mensajería o entregas a domicilio. En muchas ciudades chinas, las motocicletas eléctricas ya son mayoría. Hay un enorme potencial de crecimiento en este segmento. Además, la recarga de sus baterías puede realizarse en el domicilio.

El hidrógeno

El hidrogeno es el componente más abundante en la naturaleza, pero a su vez es un gas inestable y peligroso si no se maneja adecuadamente. Se puede obtener del agua mediante hidrólisis, pero es un proceso que requiere mucha energía. También se puede obtener de combustibles fósiles. El hidrógeno solo será verde si para su obtención se utilizan energías renovables. El hidrógeno verde aparece como un mecanismo para almacenar excedentes de energía renovable (eólica o solar), o incluso nuclear, que hoy se pierden si oferta y demanda no están acompasadas.

El hidrógeno se percibe como la alternativa verde al diésel en el transporte de larga distancia debido a que no presenta las limitaciones de autonomía de las baterías eléctricas. En estos momentos su utilización en

Figura 6.23. Llegada de paquetería en tren a la estación
de Taskent (Uzbekistán) para reparto de última milla.

vehículos pequeños es más dudosa, aunque se trata también de una tecnología en rápida evolución.

Para el sector logístico la generación de hidrógeno puede ser una opción para valorizar las cubiertas de almacenes o campas. Una de las razones por las que no se cubren las cubiertas de placas fotovoltaicas es que el consumo eléctrico en los almacenes tiende a ser pequeño en relación con otros usos. Pero, en cambio, el consumo de combustible en las flotas es alto. Y de ahí el posible atractivo de producir hidrógeno.

La multimodalidad

En la actualidad prácticamente el 100 % de la DUM se realiza mediante vehículos de carretera. Mientras que el ferrocarril o las vías navegables ocupan una porción del mercado en el transporte de larga distancia, especialmente cargas voluminosas y de relativamente bajo valor, en la DUM su contribución hasta ahora es negligible.

Dicho esto, el menor impacto ambiental de estos modos de transporte, sumados a la posibilidad de descongestionar vías de acceso, explica que se

Cuadro 6.7.
Multimodalidad para la última milla en París

Las normas urbanísticas de París de 2006 requerían que cualquier nuevo desarrollo logístico importante dentro de la ciudad estuviese asociado al transporte intermodal, bien ferroviario o bien por vías navegables. No obstante, fueron muy pocas las experiencias que pudieron materializarse. Esta norma mostró ser poco realista y el nuevo plan de urbanismo de 2016 fue menos estricto sobre la multimodalidad.

Entre los proyectos para promover la multimodalidad se construyó del denominado Chapelle International, un complejo de oficinas, mayoristas y *hubs* logísticos que incorporaba una terminal ferroviaria. Desde su inauguración en 2018 los flujos ferroviarios previstos (hasta cuatro trenes de mercancías al día), no se han materializado por la complejidad de la operativa ferroviaria y la ausencia de clientes tractores.

Otra línea que se ha explorado es la logística fluvial. La cadena de supermercados Franprix lleva unos diez años operando desde un puerto fluvial en el río Sena, al pie de la torre Eiffel. Allí recibe una barcaza con unos cuarenta contenedores de productos secos que se distribuyen a 300 tiendas urbanas.

hayan explorado muchas opciones para hacer llegar mercancías hasta los centros urbanos para, desde unas terminales urbanas, proceder al reparto de última milla.

De hecho, el autor recuerda que se operaban vagones con mercancía paletizada hasta hace pocos años en terminales de Barcelona, hasta que este

Se da la particularidad de que las instalaciones logísticas de este puerto fluvial se desmontan diariamente una vez terminadas las operaciones para convertirlo en paseo fluvial. A finales de 2022, Ikea se unió a la logística fluvial hasta el centro de París con el objetivo de atender a más de 450 clientes diarios. Las autoridades de París están promoviendo otras iniciativas similares. Grandes operadores como Amazon están presentando interés en este tipo de operativas. ∎

Figura 6.24. Muelle fluvial, desmontable, en el río Sena para la carga y descarga de mercancías en el centro de París.

Figura 6.25. Red de tranvías para la DUM: CarGoTram en la ciudad alemana de Dresde (en funcionamiento hasta 2020) y Cargotram en Zúrich (Suiza).

mercado desapareció y el contenedor prácticamente pasó a monopolizar el ferrocarril. En otros contextos geográficos, el ferrocarril de mercancías sigue llegando hasta el mismísimo centro de la ciudad como las terminales Ferrovalle en Ciudad de México. Asimismo, en países del antiguo bloque soviético, que heredaron una red ferroviaria de una enorme capilaridad, los vagones con carga paletizada siguen llegando hasta terminales y nodos logísticos en el centro de las ciudades.

Pero en aquellas ciudades donde la red de trenes de pasajeros, especialmente los de cercanías, metropolitanos y regionales comparten infraestructura con los de mercancías, la mayor frecuencia y prioridad de los pasajeros penaliza a las mercancías. Así, las terminales de mercancías acaban centrifugadas a ubicaciones periféricas menos atractivas para flujos de última milla.

También se han explorado otras opciones como las redes de tranvías, metros, etc. En Dresde (Alemania) operó durante unos años un servicio de tranvía de carga dedicado (CarGoTram) que unía una factoría de Volkswagen con un almacén de componentes separados unos 4 km atravesando la ciudad y evitando que lo hiciesen camiones. Operó intermitentemente entre 2001 a 2020 cuando fue suspendido a raíz de un accidente. En Zúrich (Suiza) circulan diversos tranvías durante algunos días del mes para cargar residuos voluminosos (Cargotram) o residuos electrónicos (E-Tram) que depositan los ciudadanos y que son llevados a los puntos de tratamiento y reciclaje.

Los desafíos operativos y económicos para desarrollar la multimodalidad asociada a la distribución urbana son considerables y explican que muy pocas experiencias hayan tenido continuidad a lo largo del tiempo. No obstante, en un contexto de mayor sensibilidad ambiental en empresas y ciudadanía unidas a marcos regulatorios cada vez más estrictos, es posible que se puedan identificar nichos de mercado viables. Posiblemente la gran distribución como generadora de volúmenes importantes pueda ser uno de estos nichos.

7

A modo de conclusión: tres distopías y una utopía

Para el autor escribir las conclusiones es lo más difícil. ¿Cómo enfocarlas? Plantear las conclusiones como un resumen del libro alienta a muchos lectores a leer solo las páginas finales y olvidarse del resto. Esto me parece contraproducente puesto que cualquier temática –y menos aún la que se aborda en este– raramente puede simplificarse en una lista.

Otro enfoque clásico para finalizar una obra es mirar al futuro, hacer una prospectiva. Esto me parece más interesante, pero también más arriesgado. La velocidad de los cambios socioeconómicos y tecnológicos es tan acelerada que lo que pronosticamos hoy puede quedar obsoleto mañana y parecer un chiste pasado mañana. Y aún más con la temática que trata este libro, en la que los cambios han sido especialmente rápidos y disruptivos.

El autor propone un enfoque a las conclusiones en forma de cuentos o microrrelatos: tres distopías y una utopía, integrando de manera lúdica prospectiva, reflexión y síntesis.

Tecnópolis

El zumbido en el teléfono avisa que el bot que nos trae la compra está al llegar. Hace ya unos años que en Tecnópolis se superó el umbral del 75 % de compras por internet. Y desde que se autorizaron los robots, la mayoría de compras se transporta mediante este sistema. Los nuevos bloques de viviendas disponen de sistemas para que desde nuestro teléfono abramos la puerta del edificio cuando llega el bot, que este entre en el ascensor, suba a nuestra planta y nos entregue la compra en la puerta. Como nosotros vivimos en una finca antigua, debemos bajar personalmente a abrirlo. Por ello nos avisa antes.

Otra opción es que te lo traigan en dron. Para algunos es más práctico si la vivienda tiene terrazas o jardines... pero los drones tienen un límite de peso; por ello, en vez de una caja de botellas de leche debes comprar las botellas de una en una y, por lo tanto, organizarte para recibir drones varias veces a la semana. Por esta razón cada vez vuelan más drones. Lo del ruido ha mejorado mucho, pero siempre hay un molesto zumbido de fondo sobre nuestras cabezas.

Hace un par de meses hubo una incidencia con los sistemas de geolocalización y comunicaciones. Parece que el motivo del fallo fue una tormenta solar, pero las redes sociales bullían con otras teorías, desde la mano de una potencia extranjera, hasta los extraterrestres. El caso es que los drones se volvieron locos, muchos chocaron entre ellos o con otros obstáculos. Hubo personas corriendo para ponerse bajo techo y que no les cayera uno encima. Algunas personas resultaron heridas y hubo diversos daños materiales, lo que ha generado un revuelo con las aseguradoras.

Claro, que también puedes ir tú a comprar. Nuestro centro comercial más próximo está a diez minutos en automóvil, tenemos suerte. Algunas personas, cada vez menos, van andando. Andar por la calle no tiene ningún interés, no hay escaparates, solo porteros automáticos y cámaras de videovigilancia. Nosotros lo dejamos de hacer hace tiempo para no tener que ir sorteando los bots que se mueven por la acera. En principio, están programados para no chocar contigo, pero lo que no es tan fácil es evitar tropezar con ellos si no vas muy atento. Ya no son solo las personas mayores, la semana pasada una chica de veinte años que salió a correr fuera de los «itinerarios libres de bots» impuestos por el ayuntamiento, acabó parapléjica por culpa de un accidente con un bot. ¡Qué mala suerte, la pobre!

Respecto al centro comercial, es más bien un complejo de restaurantes, atracciones, peluquerías, centros de estética, etc., donde también hay un supermercado. Es divertido, pero no siempre encuentras lo que buscas, como sí pasa cuando compras en A*****. Además, lo práctico de A***** es que el algoritmo ya sabe lo que quieres sin necesidad de que hagas un nuevo pedido. Pero últimamente es muy pesado tener que aguantar la publicidad generada por inteligencia artificial intentándote vender otras cosas que no necesitas. Desde hace unos meses tienes que aguantar este discurso publicitario o, si quieres ahorrártelo, hacerte Premium+, pero esto ya cuesta más dinero.

Nuestro sobrino se ha afiliado al movimiento +P+P−C (+Paseo, +Pájaros, −Cámaras). Reclaman a la municipalidad que amplíe las rutas libres de bots donde poder pasear o ir en bicicleta con toda seguridad y que no pase lo que a la chica que acabó accidentada. También exigen que los drones dejen de utilizarse excepto para servicios esenciales. Es cierto que los pájaros prácticamente desaparecieron desde que empezó a haber tantos drones. Se dice que +P+P−C puede ser clave en las próximas elecciones. Antes era solo un movimiento de personas mayores, pero ahora cada vez más jóvenes se han sumado y se han vuelto aún más radicales. Algunos se denominan «ermitaños digitales», que defienden vivir aislados de las redes sociales. Otros incluso abogan directamente por un apagón digital total. ¡Imagínate qué desastre si llegan a ganar!

Ecópolis

Ecópolis está orgullosa de poder afirmar que es una de las pocas capitales del mundo que puede garantizar llevar productos del huerto a la mesa en 15 minutos, y de manera sostenible. Bueno, es un poco una exageración. Si bien es cierto que hay una amplia red de huertos urbanos en espacios abandonados, o donde antes hubo fábricas, lo cierto es que la mayoría de productos alimentarios provienen de los grandes invernaderos y granjas industriales, como pasa en todas partes. Lo que sí es especial es el proceso para entrarlos en la ciudad desde los centros de abastos de la periferia: solo se permite acceder en triciclos o en pequeños vehículos eléctricos y cuya energía sea generada en estaciones fotovoltaicas sobre las cubiertas de edificios y almacenes. Curiosamente, la generación eólica mediante molinos está terminantemente prohibida por su impacto paisajístico.

En Ecópolis, la circulación de vehículos de combustión interna está prohibida. Hay en la periferia unos estacionamientos disuasorios, para dejarlos allí y entrar en transporte público. Los protagonistas de Ecópolis son la bicicleta y el tranvía.

Desde hace unos años una serie de normas de planificación y zonificación urbana han facilitado que todos los distritos de la ciudad dispongan de escuelas, comercios, centros empresariales, zonas de ocio, etc., a corta distancia para reducir los desplazamientos. La red de tranvías y las ciclovías permiten llegar a cualquier punto y el transporte público es muy barato para facilitar su uso.

La población de Ecópolis se considera privilegiada por vivir en una ciudad tan agradable. Pero hay que decir que se han producido cambios demográficos muy curiosos en los últimos años. Cuando empezaron a implantarse estas medidas, el costo de la vida aumentó sustancialmente. Los nuevos sistemas de aprovisionamiento encarecieron de manera notable el precio de los alimentos y de otros productos. A pesar de todo, no desanimó a los jubilados extranjeros de países más ricos, que venían a vivir a Ecópolis atraídos por sus atractivos naturales y culturales, ahora potenciados con las nuevas políticas. Y esto encareció el precio de la vivienda. La población de origen extranjero fue cada vez mayor y los antiguos residentes tuvieron que mudarse a las periferias. Los estacionamientos disuasorios llegaron al límite de su capacidad.

Curiosamente ahora se está produciendo un fenómeno extraño. Los nuevos residentes, cada vez de mayor edad, están reclamando más flexibilidad. Sus planes de pensiones ya no son tan remunerativos y empiezan a percibir que vivir en Ecópolis es caro. Por otro lado, el sistema sanitario, cada vez más presionado, no encuentra profesionales que puedan costear vivir en la ciudad. Y no solo el sistema sanitario, cada vez es más difícil encontrar personal para cualquier actividad. Esto ha derivado en un goteo cada vez más intenso de cierres de empresas en la ciudad. Con la base fiscal disminuida, la municipalidad se ve obligada a aumentar la fiscalidad residencial y a reducir las subvenciones al sistema de transporte público. Ecópolis se está volviendo aún más cara y empieza a ver reducir su población...

Libertópolis

El alcalde de Libertópolis ganó las últimas elecciones por abrumadora mayoría con el eslogan «¡Libertad, c*****!». Las complejas normas que existían para regular, hasta el más mínimo detalle, muchísimas parcelas de la vida ciudadana fueron eliminadas. Buena parte del apoyo popular que recibió se debió a lo asfixiante de estas regulaciones y a su carácter contradictorio, lo que estaba permitido según una ordenanza, estaba prohibido por otra.

El sector del transporte recibió con alegría el cambio. Finalmente, cualquier camión podía entrar y operar en cualquier lugar de la ciudad, a cualquier hora y sin ningún requisito ambiental. También se decretó la libertad de horarios comerciales. Se acabó aquello de cerrar los domingos o por las noches. Y finalmente se dejaron de aplicar las exigencias para que los grandes establecimientos comerciales dispusieran de zonas internas para depósito y para carga y descarga, así se pudo ampliar rápidamente la superficie comercial.

Al cabo de unos meses, algunos periódicos de la oposición empezaron a publicar noticias sobre el bloqueo del tráfico en el centro debido a la aglomeración de camiones. También empezaron a circular por las redes sociales algunas imágenes de camiones de gran porte ocupando zonas peatonales o ciclovías que había inaugurado la anterior alcaldesa. Algunas empresas asociadas a la Confederación Nacional del Transporte (CNT) empezaron a manifestar internamente su preocupación por el deterioro en los tiempos de desplazamiento y por las dificultades para operar, pues algunos transportistas oportunistas (y desde luego ajenos a la Confederación) ocupaban espacios durante todo el día o bloqueaban carriles de circulación de manera desconsiderada, sin que los agentes de tráfico pudieran hacer nada.

Algunas organizaciones vecinales empezaron también a protestar por las molestias de tener establecimientos abiertos día y noche, y camiones descargando a cualquier hora. La Cámara del Pequeño Comercio Familiar empezó una huelga quejándose de la competencia de las grandes cadenas que podían permitirse estar abiertas 24×365, algo incompatible con la conciliación familiar. Pero como la patronal de las grandes cadenas había sido uno de los principales apoyos del nuevo alcalde, la cosa no prosperó. Muchos pequeños comerciantes –la mayoría habían votado al nuevo alcalde– empezaron a cerrar sus establecimientos, y tuvieron que reconvertirse a personal repartidor de paquetes o pizzas en moto.

El cierre de establecimientos tuvo un impacto mayor en los barrios populares, menos atractivos para las grandes empresas debido al menor tamaño de los locales y a la baja renta media del vecindario.

El Gremio de Hoteles y Restaurantes, que también había apoyado al nuevo alcalde, lanzó un mensaje más modulado: la flexibilidad para recibir suministros en cualquier momento y en la forma operativamente más eficiente era bienvenida. Pero se proponía una regulación especial para algunas zonas históricas y de alto atractivo turístico. Les preocupaba que algunos turistas habían publicado *posts* bastante negativos sobre lo desagradable que se había convertido pasear o tomar un aperitivo en alguna de las concurridas zonas céntricas de la ciudad.

A pesar del eslogan sobre la libertad, empezaron a aparecer algunas nuevas regulaciones. El desplazamiento en bicicleta y, muy especialmente el reparto en triciclos, algo que había promovido la anterior municipalidad, empezó a ser fuertemente regulado, se decía que en aras de la seguridad vial de los propios ciclistas, aunque parece que hubo presiones de los transportistas oportunistas que querían deshacerse de esta molestia de las calles. A los ciclistas se les requirieron unos cursos, autorizaciones y seguros solo aptos para los muy motivados. Nunca se entendió muy bien el porqué de aquello. De hecho, la propia Confederación del Transporte formuló objeciones porque los triciclos se habían ya demostrado muy adecuados para el reparto de última milla en zonas céntricas.

A mitad del mandato del alcalde, las cámaras de comercio, la Confederación o el Gremio hotelero estaban reconsiderando su apoyo a las políticas de la nueva alcaldía. También muchas personas consumidoras se quejaban del deterioro en el servicio de las grandes cadenas que habían sustituido al pequeño comercio de proximidad. Ya no había personas en las cajas de pago, solo máquinas. Y si querías comunicarte con un responsable para notificar un error o una incidencia, había que llamar a un centro de atención telefónica o registrarse en una plataforma. Las personas mayores tenían que apoyarse en familiares o en vecinos más jóvenes para realizar sus compras cotidianas.

En definitiva, bajo el lema de la libertad, las opciones y facilidades para consumir o desplazarse se habían reducido en vez de aumentado. Y muchos sectores empresariales pensaban que, en vez de estar ganando, estaban perdiendo.

Pragmatópolis

Las distopías descritas nos animan a proponer una utopía, llamémosle Pragmatópolis, donde impera la razón y el sentido común.

En Pragmatópolis, los decisores desconfían de soluciones fáciles y mágicas, ya vengan de la esfera «tecno», de la esfera «eco» o de la esfera «*business*». Para ello, el funcionariado de Pragmatópolis dispone de una capacitación técnica robusta y huye de simplificaciones y apriorismos, y comprende los intereses enfrentados entre los diversos agentes, así como las derivadas e impactos de sus decisiones, en términos de ordenanzas y políticas.

Los servidores públicos de Pragmatópolis tienen claro que el bien común no es atender las exigencias del que hace más ruido, sino asignar de manera equitativa los costos y beneficios de cualquier decisión. Como esto es complicado, es bueno plantearse una hoja de ruta basada en procesos de mejora continua, y con transparencia y participación de los diversos colectivos implicados.

Pero no es solo una cuestión de la mentalidad de quienes han de tomar decisiones. Todos los agentes implicados en la logística urbana entienden que su actividad y su beneficio dependen los unos de los otros.

Y lo más importante. Los decisores de Pragmatópolis, así como la ciudadanía a a la que representan, han asumido desde hace tiempo que la movilidad de las mercancías no es un tema secundario al que no merece la pena prestarle mucha atención, sino que es un tema esencial. En algunas muchas otras ciudades de su entorno, las lecciones de la covid-19 sobre la importancia de la logística urbana se olvidaron rápidamente, pero no en Pragmatópolis.

Hay que reconocer, sin embargo, que el interés de otras ciudades por conocer el modelo de gestión de Pragmatópolis es creciente y cada vez están recibiendo más delegaciones de otras ciudades que quieren aprender de su experiencia. Como no tienen tiempo para atender todas las solicitudes, pidieron a este autor que escribiera un libro que recogiera su filosofía, esperando que esta contribución, aunque modesta, les pudiera ser útil.

Transporte ferroviario de mercancías

Miguel Ángel Dombriz, Ignacio Sanz, Iñigo Peñaranda, Joan Carles Enguix, Jordi Mas

Manual práctico de las 5'S para ganar en calidad y productividad

Luis Socconini, Marco Barrantes

Cómo desarrollar la carga aérea en aeropuertos

Javier Arán Iglesia

Logística urbana. La ciudad en la cadena de suministro

Ignasi Ragàs

Transporte marítimo de mercancías. Los elementos clave, los contratos y los seguros

Rosa Romero, Alfons Esteve

El contenedor

Ricard Marí Sagarra, Jaime Rodrigo de Larrucea, Joan Martín Mallofré

Gestión logística integral

Luis Aníbal Mora García

Técnicas para ahorrar costos logísticos

Luis Carlos Hernández Barrueco

Manual de gestión de almacenes

Sergi Flamarique

Estiba y trincaje de las mercancías en contenedor
Francisco Fernández Sasiaín

Gestión documental del transporte por carretera
Eva María Hernández Ramos

Normativa de estiba en carretera. Claves, soluciones y modelos para estibar y trincar cargas
Eva María Hernández Ramos

Manual de gestión de tráfico de mercancías
Rut Castell

Manual del transporte en contenedor
Jaime Rodrigo de Larrucea

Prevención de riesgos laborales: Personal de transporte y estiba
Alba Ramírez Soriano, Eva María Hernández Ramos

Gestión de inventarios. Métodos cuantitativos
Marco Espejo González

Prevención de riesgos laborales: Personal de reparto y de conducción
Alba Ramírez Soriano

Manual de transporte para el comercio internacional
Cristina Peña Andrés

Tel. +34-931 429 486 – marge@margebooks.com – www.margebooks.com